Jenseits der Abendröte

Aussöhnung mit dem Schicksal

Ricarda Jaekel

Jenseits der Abendröte

Aussöhnung mit dem Schicksal

Ricarda Jaekel

WAGNER VERLAG ®
www.wagner-verlag.de

Ein Buch aus dem WAGNER VERLAG

Korrektorat: Sabine Kopp
Umschlaggestaltung: Wagner Verlag GmbH

1. Auflage

ISBN: 978-3-86279-059-3

Bibliografische Information der Deutschen Nationalbibliothek:
Die Deutsche Nationalbibliothek verzeichnet diese Publikation in der
Deutschen Nationalbibliografie; detaillierte bibliografische Daten sind
im Internet über http://dnb.d-nb.de abrufbar.

Die Rechte für die deutsche Ausgabe liegen beim
Wagner Verlag GmbH,
Zum Wartturm 1, 63571 Gelnhausen.
© 2011, by Wagner Verlag GmbH, Gelnhausen
Schreiben Sie? Wir suchen Autoren, die gelesen werden wollen.

Über dieses Buch können Sie auf unserer Seite www.wagner-verlag.de
mehr erfahren!
www.podbuch.de
www.buecher.tv
www.buch-bestellen.de
www.wagner-verlag.de/presse.php
www.facebook.com/WagnerVerlag
Wir twittern … www.twitter.com/wagnerverlag

Druck: dbusiness.de gmbh · 10409 Berlin

Inhaltsverzeichnis

Man gewinnt die Überzeugung,
dass sich in den Gesetzen des Universums ein Geist offenbart – ein Geist, der dem des Menschen bei Weitem über-
legen ist und gegenüber dem wir uns angesichts unserer be-
scheidenen Kräfte ärmlich vorkommen müssen.

Albert Einstein,
Nobelpreisträger der Physik

Kapitel 1

Auf den Inseln der Götter

Schon viele Monate war es her, als die großen Schatten sich über das Leben von Ulla-Mae legten. Ein tödlicher Unfall nahm ihr ihren Mann und der Schmerz der Trauer legte sich wie ein Leichentuch über ihre Seele. Ulla-Mae vergrub sich immer mehr in ihrem Schmerz.

Viele Menschen hatten ihr in ihrem Leid beigestanden, doch stets gab es für sie nur ein kurzes Aufatmen. Sie verschloss sich immer mehr, lebte nur noch in den dunklen Verliesen ihrer Seele, welche die Hoffnung auf das wiederkehrende Lebenslicht im Keim zu ersticken drohten. Ilina, ihre Freundin, konnte sich nur allzu gut in den Schmerz von Ulla-Mae einfühlen, hatte sie doch selbst vor vielen Jahren die Begegnung mit dem unerbittlichen Schicksal. Auch sie verlor ihren Mann, sah sich emotional in aller Härte mit einem langwierigen und quälenden Sterbeprozess ihres Martin konfrontiert, um ihn letztlich an den Tod zu verlieren. Sie erlebte zutiefst die kalte Angst in ihrer Brust, den Schmerz des Mitleids in ihrem Herzen, die Wut und Verbitterung in ihrem Bauch und das niederschmetternde Gefühl der Ohnmacht in ihren Händen, nichts tun zu können. Ja, diesen kaum auszuhaltenden Schmerz, der sie drohte auszulöschen, ließ auch Ilina beinahe an die Tore des Hades klopfen.

Doch am tiefsten Punkt ihres Lebens, als jegliche Freude für immer verloren schien und sie im Meer der Tränen zu ertrinken drohte, begegnete ihr Britta. Britta hatte mir wohl der Himmel geschickt, so dachte sie heute. Diese Frau, die in ihr Leben trat, öffnete ihr die Tür für eine Hilfe, die spiritueller Natur war und ihr letztlich half, sich mit dem Schicksal zu versöhnen und den Weg ihres Lebens mutig weiterzugehen.

Wie gern würde sie mit ihrer Freundin darüber sprechen wollen. Aber Ulla-Mae wies Religion, Glaube und spirituelle Gedanken vehement von sich. Ilina respektierte diese abweisende Haltung, wusste sie doch, dass man Hilfe, egal welcher Art, nicht aufzwingen, sondern nur anbieten kann. Man muss bereit sein, Hilfe anzunehmen. Ihre Gedanken weilten bei Ulla-Mae. Sie sprach leise:

„Ach Ulla-Mae, wie gern möchte ich dich von den Fesseln der Dunkelheit befreien, nur weiß ich nicht, wie ich dich erreiche, du hast das Tor zu deiner Seele so fest verschlossen."

Ilina gab sich ihren Gefühlen und Gedanken hin und plötzlich wusste sie intuitiv, welche Brücke sie für Ulla-Mae bauen konnte. Schon am nächsten Tag besuchte sie ihre Freundin.

„Ulla-Mae, folge mir auf die Inseln der Götter. Dort, in der glasklaren Luft, im gleißenden Licht des Nordens, wirst du deinen Frieden finden. Aus Feuer und Eis geboren und dem Meer entstiegen, ertrinkt das Archipel in einem homerischen Licht, einem surrealen Gemälde gleich. Nahezu senkrecht erheben sich die Berge, spitz wie Kathedralen, aus dem Ozean und bizarre, steilwandige Gipfel gestalten eine großartige Szenerie. Seen mit urzeitlichem Wasser leuchten wie indigoblaue Edelsteine in den grünen Tälern einer gigantischen Bergwelt. Die schwarzen Silhouetten der Berge sind geschmückt mit schneebedeckten Gipfeln. Kleine Wasserfälle rinnen in großer Zahl über das im Sonnenlicht silbrig glänzende Gestein und suchen den Weg zu den grünen glazialen Tälern. Malachitgrün, türkis und tiefblau leuchtet das nordische Meer. Breite weiße Sandstrände, umsäumt von tausend Meter sich hoch aufbäumenden, anthrazitfarbenen Tafelbergen und Monolithen, zaubern eine beeindruckende Kulisse von herber Schönheit und vermitteln den Eindruck, als hätte Neptun, der Gott des Meeres, hier seine Stätte königlichen Wirkens errichtet. Sanft plätschern die Wellen an den Strand. Doch wenn der alte Thor im Krachen des Donners seinen Hammer schwingt, erzittern die Berge und wenn der Sturm heulend sein Lied anstimmt, dann peitscht die Gicht hundert Meter hoch und Wolken schweben dunkel von den Bergen in die Täler hinab, lassen den Mythos der Trolle auferstehen, die schwer stampfend daherzukommen scheinen. Wenn jedoch die Wolkenschleier zerreißen und das goldene nordische Licht am Firmament leuchtet, erlebt man am weiten Himmel ein unglaublich schönes Farben- und Lichterspiel, welches den malerisch auf Klippen und Schären gebetteten kleinen Fischerdörfern einen Hauch von Magie verleiht und in einem mystischen Licht versinken lässt. Stille und Transparenz sind der Ausdruck des Lichts über den Inseln der Götter. Die Inseln sind ein wahrer Mythos, sie werden dir gut tun, Ulla-Mae. Du läufst Gefahr, an deinem Schmerz zu ersticken. Du brauchst Hilfe", sprach Ilina.

„Ja, ich weiß nicht weiter, ich sehe nur noch die Dunkelheit", antwortete Ulla-Mae.

„Hier, diesen blauen Paraiba schenk' ich dir, er wird dir helfen, den Weg zurück in das Licht deines Lebens zu finden und den Pfad deiner Heilung zu erkennen", sagte Ilina liebevoll zu ihrer Freundin.

Als es Frühling wurde und die Rentiere wieder hinauf in die Berge zogen, machten sich Ilina und Ulla-Mae auf den Weg zu den Inseln der Götter. Längst war das Land aus der Polarnacht erwacht und die Kraft der Sonne fand zu ihrer Regentschaft zurück. Die Berge waren immer noch mit Schnee bedeckt, doch in der Taiga und in den Weiten der Tundra begann das neu erwachende Leben zu pulsieren und war bereit für einen nächsten Zyklus im ewig drehenden Lebensrad. Schon nach wenigen Stunden ihrer Reise verkündeten Möwen die Botschaft, dass sie die Inseln bald erreichen sollten. Letzte verharrschte Schneefelder glitzerten in der Frühlingssonne und am azurblauen Himmel spielten weiße Wolken, türmten sich an den Bergen auf, um nur kurze Zeit später wie Wasserfälle an ihnen herabzufließen.

Sie waren auf den Inseln der Götter angekommen. Fjorde schmückten wie blaue Tuschestriche das Archipel und Seeadler kreisten mit ausgebreiteten Schwingen majestätisch am Himmel. Kleine bunte Fischerhäuschen schmiegten sich eng an die grauen, moosbewachsenen Felsen. Vom Frühling geschwängerte Uferwiesen mit saftigen Kräutern und zarten Blümlein waren ein Labsal für die weidenden Schafe, die mit ihren niedlichen Gesichtern allerliebst anzuschauen waren. Ein kleines

Holzkirchlein, aus sibirischem Treibholz gebaut und mit russischen Zwiebeltürmchen verziert, gab diesem kleinen beschaulichen Ort ein fast märchenhaftes Flair.

„Wie unwirklich mir alles erscheint", sprach Ulla-Mae.

„Ja, die Inseln sind Mystik pur. Zu Recht werden sie als die Inseln der Götter bezeichnet, die ihr Geheimnis wohl nicht jedem offenbaren, der hierher kommt. Ein besonderer Zauber liegt über dem Einod, wenn die Morgenröte des Nordens, das Polarlicht, das Archipel in kosmischen Farben badet", antwortete Ilina.

Nur auf dem letzten Stück des Weges, das sie zu Fuß gehen mussten, überkam Ulla-Mae ein seltsam bedrückendes Gefühl, als der Pfad entlang eines nur hundert Meter breiten Fjords durch eine unendlich lange, schmale Schlucht führte, eingezwängt zwischen steil aufragenden Felsen. Mit ihren spitzen Gipfeln schienen sie den Himmel zu berühren und wirkten auf sie wie die bedrohlichen Trollburgen aus den alten Sagen. Nebelschwaden und die Schatten der gewaltigen Felsmassive hüllten die Schlucht in ein blaugrün schimmerndes, gespenstisches Halbdunkel, durch das sich nur hier und da das Sonnenlicht seinen Weg bahnte. Ilina zeigte auf eine gigantische Felsenspalte, eine noch engere Schlucht, die hier seitlich abzweigte und deren schwarzer Schlund auf Ulla-Mae bedrohlich wirkte.

„Dies ist der sagenumwobene Trollfjord", sagte Ilina, „unglaublich tief und so eng, dass ihn nicht einmal Schiffe befahren können. Aber schau, dort vorn, wo die Felsen sich öffnen, dort sind wir am Ziel. Welch ein betörender Duft liegt in der Luft. Das blaue Häuschen mit der weißen Veranda, das muss unsere Hütte sein!"", rief sie begeistert aus.

„Zu welch wohltuendem Vergessen sie doch einlädt", sprach Ulla-Mae gedankenversunken zu sich selbst.

Das kleine Fischerhäuschen, liebevoll eingerichtet und mit einem Fenster, das den Blick auf das wogende Meer freigab, ließ ihre Herzen höher schlagen. Ein Schärengarten mit vielen kleinen Felseninseln und Sandstränden erstreckte sich vor ihren Augen vor dem dunklen, mit einem Kranz schneebedeckter Gipfel geschmückten Bergmassiv, an dessen grünen Matten goldgelbe Trollblumen in filigraner Schönheit funkelten. Hohe, vom Eis geschliffene Felswände stürzten senkrecht in das grüne Meer. Vor dieser dramatischen Bergkulisse, welche die beiden Frauen in ihren Bann zog, wirkten die zarten Dünengräser am weißen, sandigen Ufer beinahe exotisch. Ilina hatte Gewissheit: Diese Inseln im nordischen Atlantik würden Ulla-Mae ihre heilsame Kraft schenken.

Die Wärme der Frühlingssonne und die frische, klare Luft luden die beiden Frauen ein, die Inselwelt zu erkunden. Die großen Trogtäler, in denen sich vor langer, langer Zeit das Gletschereis bewegte, beeindruckten sie sehr. Nach Abschmelzen der Gletscher formten sich durch die Senkung des Landes die Fjorde, die vom Meer überflutet wurden und nun das Landschaftsbild einzigartig prägten. Das Gebirge mit seinen bizarren Pyramiden, Kegeln und Monolithen, aus dem Atlantik geboren, und die schneeweißen Strände, ließen den nordischen

Mythos der beiden Reiche Muspelheim und Nifelheim auferstehen, den Reichen des Feuers und des Eises, deren Wechselspiel noch heute für jeden erlebbar ist.

Wasserfälle klammerten sich wie Stalagtiten an die Felsen, brausten tobend hinunter zur Ebene und graue, vegetationslose Schären wirkten im blaugrün leuchtenden Meer wie ein Pfad aus Steinen, der wohl in Neptuns Reich führen wollte. An den fruchtbaren Hängen der Berge grasten Ziegenherden und den drolligen Schafen mit den kurzen Beinen begegnete man fast überall. Die lustigen und verwegenen Gesellen nahmen gern ein Sonnenbad mitten auf Straßen und Brücken.

Auch die Kathedrale besuchten die beiden. Ulla-Mae betrat die ehrwürdige alte Holzkirche mit gemischten Gefühlen. Der Glaube an eine höhere Macht war ihr fremd, hatte in ihrem Leben keinen Platz gefunden. Sie fühlte sich hier in dieser Kirche nicht wohl, es war nicht der Ort, an dem sie sein wollte. Ilina saß gedankenversunken mit geschlossenen Augen in andachtsvoller Stille auf einer Kirchenbank. Ulla-Mae fühlte sich verloren und allein. Dennoch ließ sie sich von ihren Schritten leiten, die sie zu dem schönen Altar führten, der von den einfallenden Lichtstrahlen des großen bunten Kirchenfensters heilig berührt wurde. Eine sonderbare Stimmung umfing Ulla-Mae. Sie wurde auf einmal ganz ruhig und spürte eine Kraft, die sich mit aller Macht einen Weg zu den verschlossenen Gemächern ihrer Seele bahnte und ihrem Mund die Worte entlockte:

„Vater im Himmel, bitte hilf mir! Ich weiß nicht mehr weiter!"Und im selben Moment war er wieder da, ihr Seelenschmerz, der sie drohte zu zerschmettern und erneut mit ganzer Wucht quälte. Tränenüberströmt verließ sie die Kirche, die ihr nun sogar unheimlich war.

Kapitel 2

Die Begegnung mit Anatol

Ich weiß nicht, wohin mich Gott führt,
aber ich weiß, dass er mich führt.

Gorch Fock

Langsam versank das Archipel in der Dunkelheit der Nacht. Das gelblichweiß funkelnde Sternenlicht und der Silberschein des Mondes webten einen perlmuttschimmernden Baldachin über die Insel. Wie beängstigend schön sich diese Nacht ankündigt, dachte Ulla-Mae. Sie ahnte nicht, dass in dieser Nacht ein Traum, geschickt aus den Weiten des Alls, ihr Leben verändern würde.

Das Mondlicht webte aus silbernen Strahlen eine Brücke hinein in eine andere Welt, die in dieser Nacht ihre Tore für sie öffnete. Ulla-Mae spürte ein heftiges Flimmern ihrer Augenlider und ein kraftvoller Strudel bewegte sich im Unterbauch beginnend, hinauf in ihren Kopf, um sie mit ganzer Kraft in die Nacht zu schleudern.

Was passiert mit mir?, fragte sie sich. Nichts, dachte sie, es ist doch nur ein Traum.

Doch dieser Traum schickte ihr ganz klare Wahrnehmungen, wie sonderbar. Sie war tatsächlich im All, inmitten der dunkelblauen kosmischen Nacht und es roch nach Ozon. Wie herrlich! Plötzlich sah sie den Silbermond. Seine Halbsichel wandte sich wie eine geöffnete

Schale gen Himmel, als wollte sie etwas empfangen. Eine goldene Sonne platzierte sich mittig unter sie. Ein mattdunkles Kreuz erschien im nächsten Moment unter der Sonne. Ulla-Mae schaute wie gebannt in diese Erscheinung, die so unheimlich schön in der dunkelblauen Nacht leuchtete. Was war das? Erschrocken schaute sie sich um. Jemand rief nach ihr.

„Ulla-Mae, du hast um Hilfe gebeten!" Eine sonderbare Gestalt mit jugendlichem Aussehen, einem merkwürdigen purpurfarbenen, breitkrempigen Hut auf dem Haupt und seltsamen Flügeln an den Füßen, stand vor ihr. Sie war zutiefst erschrocken und sagte sich: Es ist doch nur ein Traum!

„Wer bist du und wie heißt du?", fragte sie schließlich die wie ein Mensch aussehende Gestalt.

„Man nennt mich Anatol. Mein Vater ist die Sonne und meine Mutter ist der Mond. Der Wind hat mich in ihren Leib getragen und die Erde ist meine Amme. Ich bin Träger des Caduceus. In ihm verborgen ruht die Kraft aller Kräfte. Die Suchenden und die Bittenden geleite ich über die Schwelle zu den mystischen Welten der Schöpfung und offenbare ihnen das allumfassende Leben.

Ich bin der Vermittler übersinnlicher Botschaften, bringe Weisheit und Verständnis, bin der Stein der Weisen und symbolisiere die Wandlung des Menschen. In das sich bewegende, aufgewühlte Wasser der Seele bringe ich Stille, denn erst wenn die Seele ruhig wird, kann sich die Sonne der Erkenntnis in ihr spiegeln.

Dein Schicksal und dein Leiden sind mir bekannt, Ulla-Mae. Ich bin dir geschickt als Bote des Allerhöchsten.

Lass deinen Körper zurück, er liegt wohlgebettet und ruht sich aus. Dein Körper kann nicht durch den Raum schweben. Er ist zu träge, zu dicht, gehorcht den Gesetzen der Materie. Aber deine Seele kann sich in den Weltenraum erheben, für sie ändert sich die Dimension von Raum und Zeit, für sie gibt es keine Grenzen. Wenn du auf der Erde weilst, kannst du nur deine nahe Umgebung erkennen, so sehr bist du mit deinen physischen Sinnen begrenzt. Doch steigst du hinauf auf einen Berggipfel, weitet sich dein Blick. Fliegst du mit einem Raumschiff noch höher hinauf, kannst du in das Universum schauen und die Magie der Grenzenlosigkeit spüren. Lass den Körper ruhen, erhebe deine Seele, habe Mut und folge mir. Ich lade dich ein zu einer Reise durch das Sonnensystem, möchte dir heilige Weisheit schenken. Ich hebe dich hinauf auf die Schwingungsebene der Weltenseele, auf die Ebenen der astralen und mentalen Welt, in denen auch deine Seele zu Hause ist. Du wirst mit deiner Seele reisen, während dein Körper, wohlgeborgen und mit Lebensenergie versorgt, hier ruht und über das astrale Silberband verbunden bleibt. In den feinstofflichen Welten befinden wir uns in einer anderen Dimension von Raum und Zeit. Nach irdisch-physischen Maßstäben werden wir gigantische Entfernungen überwinden und du wirst trotzdem am Morgen wie gewohnt in deinem Körper erwachen. Wir reisen mit der Geschwindigkeit des Lichts, denn die astrale und mentale Welt und auch deine Seele sind eine hoch schwingende Manifestation des Lichts. Du wirst es als ein Schweben durch den Raum empfinden. Mit deinen seelischen Augen wirst du Dinge erblicken, die kein physisches Auge je wahrnehmen kann und wir werden an Orte reisen, an denen dein physischer Körper keine Sekunde überleben könnte. Von der höheren Ebene aus wirst du aber auch ungehindert in die physische Ebene schauen können und dort alles so wahrnehmen, als befändest du dich noch in deinem Körper. Bist du bereit? Der Weg mit mir ist das Ziel."

Kapitel 3

Blick in den Spiralnebel

Öffnet nun weit die Tore des Himmels!
Schwarze Wolke, trag mich empor!

Qu Yuan

Ulla-Mae und Anatol schwebten hinaus in die wolkenlose Nacht, der Unendlichkeit zugewandt.

„Du brauchst dich vor der dunklen Nacht nicht zu fürchten, die Sterne leuchten so magisch und wollen dich an deine kosmische Heimat erinnern", sprach Anatol. Ulla-Mae sah unter sich die Lichter der Fischerdörfer immer kleiner werden. Höher und höher schwebte sie hinauf und plötzlich sah sie aus dem nahen Orbit die riesige Erde. Doch je mehr sie sich von ihrem Heimatplaneten entfernte, desto kleiner wurde er. Sie schaute in das faszinierende flammende Aufleuchten der Nordlichter und in die wunderschön blau leuchtende Aura. Mit wohligem Erschaudern wurde ihr bewusst, dass sie aus dem All auf ihren Planeten schaute. Sie sah die tiefblauen Ozeane mit ihren grünen und grauen Schattierungen und die rotbraunen, grün gefleckten Kontinente. Die Erde, eine himmelblaue Kugel, war von wirbelnden weißen Schleiern umgeben und wirkte einsam und verloren in den Weiten des Alls. Sie glich einer unergründlichen und geheimnisvollen Perle, aus den Tiefen des kosmischen Ozeans geboren, die in strahlenden bläulichen Farben atemberaubend schön aussah und gleichsam Verwundbarkeit und Zerbrechlichkeit ausstrahlte.

„Anatol, lass uns einen Augenblick verweilen", sagte Ulla-Mae. „Ich kann mich nur schwer von dem mich zutiefst berührenden Anblick meines Heimatplaneten lösen, der wie ein blauer Juwel in der dunklen, kosmischen Nacht leuchtet. Mir ist ganz seltsam zumute. Die Erde sieht so zart aus und ich habe bei dem Gedanken ein beklemmendes Gefühl, dass wir Menschen so unsensibel mit ihr umgehen."

Anatol verstand ihr Bedürfnis, doch nur kurze Zeit später rief er ihr zu:

„Schau hinauf in den Himmel, Ulla-Mae! Ein silbernes Band schlängelt sich über das dunkle Firmament. Myriaden von Sternen funkeln wie Diamanten so schön und klar; es ist unsere Galaxis, die Milchstraße. Lass uns hineinschweben in das Sternenmeer und folge mir, denn ich lasse dich teilhaben an der participation mystique, der übersinnlichen geistigen Welt, will dir zeigen, dass es mehr gibt, als dein Verstand erfassen kann. Ich will dich hineinführen in die Räume der Auferstehung, damit du das Schicksal verstehst, und dir Hoffnung geben, weil du am Leben zweifelst. Mit dem Licht der Weisheit möchte ich dich wärmen und dein Bewusstsein kristallklar schärfen. Lass dich ein auf einen Traum in dieser Nacht, lass dich ein auf eine Reise mit mir in dieser Nacht. Weisheit, aus der Tiefe des kosmischen Geistes geboren, kann dir mehr Erkenntnis schenken, als viele Jahre deines Lebens."

Das Frieden ausstrahlende Antlitz Anatols und sein liebevolles, unbekümmertes Lächeln bewog Ulla-Mae, sich auf ihn vollkommen einzulassen und sich führen zu lassen. Ja! Sie wollte wieder zurück in das Leben, wollte doch wieder lachen können und Momente der Unbeschwertheit erleben, wollte sich wieder freuen dürfen wie ein Kind, ohne sich schuldig zu fühlen. Dafür war sie bereit, Anatol zu folgen und den Weg zu finden, der ihr helfen konnte, den Schmerz zu heilen.

Ulla-Mae bemerkte, dass sie sich mit einer unglaublichen Geschwindigkeit von der Erde entfernten.

„Wohin bringst du mich, Anatol?", wollte sie wissen und er antwortete:

„Ich bringe dich zu Enceladus, einem Mond des Planeten, der nach dem Gott der Zeit benannt wurde und den Namen Saturn trägt."

In einem gigantischen Tempo näherten sie sich Enceladus, dessen vereiste Oberfläche, von eisiger Kälte beherrscht, in einem bläulichem Licht sichtbar wurde. Der Saturn schien greifbar nah und der Anblick seiner Ringe war überwältigend.

„Warum hast du mich gerade hierher gebracht?", fragte Ulla-Mae. Anatol antwortete mit beruhigender Stimme:

„In die Regionen, von denen ich dir erzählen möchte, können wir nicht reisen. Wir befinden uns an der Schwelle zur göttlichen Welt, der Welt des Geistes. Der Hüter der Schwelle bewacht das Tor. Siehst du dort am weiten Firmament, in der dunklen Tiefe des Alls, den Spiralnebel?", fragte Anatol.

„Ja, ich kann ihn sehen", antwortete Ulla-Mae mit einem Ausdruck des Erstaunens in ihren Augen. Und Anatol sprach zu ihr:

„Hinter diesem spiralförmigen Nebel wirkt die Quelle unseres Seins in unserem Universum. Dieser Quelle kann sich kein Geschöpf nähern, alles würde schmelzen wie Wachs. Eure Wissenschaftler bezeichnen diese Quelle als Anfangssingularität, als reine Information, die sich hinter der Planckschen Mauer verbirgt, jenseits von Raum und Zeit. Magische Bilder, empfangen von nur wenigen Menschen, über Meditation und Kontemplation versuchen, diese Quelle zu beschreiben.

Dieser Quelle haben die Menschen unterschiedliche Namen gegeben. Ein magisches Bild beschreibt einen König, den ‚Ältesten aller Tage‘, der mit einem noch mächtigeren König in Verbindung steht. Dieser noch mächtigere König wird als der ‚Absolute Gott‘ bezeichnet, reiner Geist von unvorstellbarer Energie im Reich der Singularität, in dem es weder Zeit noch Raum, keinen Anfang und kein Ende gibt. Welche Universen außer dem uns bekannten aus ihm noch hervorgehen, bleibt ein Geheimnis. Der ‚Älteste aller Tage‘, auch ‚Gott-Vater‘ genannt, ist die erste und stärkste Emanation des absoluten Gottes. Er ist der Schöpfer unseres Universums.

Es ist die Gottheit, die sagt:

Ich bin der, der sich immerzu manifestiert. Alles, was ist, ist in mir enthalten und ich bin in allem, was ist, ausnahmslos. Alles Sein entspringt meinem Willen zur Schöpfung. Alles Sein unterliegt meiner Absicht. Ich schaffe die große Welt, den Makrokosmos und die kleine Welt, den Mikrokosmos, den Menschen. Ich schenke das Leben. Doch wenn ich im Pralaya verweile, im großen Schlaf, dann nehme ich die Welten meiner Schöpfung wieder zurück, um neue zu schaffen."

Anatol erklärte:

„Am Anfang strömte der ‚Älteste aller Tage‘ aus sich selbst eine Essenz aus, das göttliche Licht, das zur Schöpfungsenergie wurde. Die Weltenseele, symbolisiert durch den ‚Tierkreis‘, ist das kosmische Gefäß der Schöpfungsenergie. Auch sie ist wie das göttliche Licht eine Emanation der Gottheit, ist aber nicht die Gottheit selbst.

Diese Quelle sprudelt fortlaufend bis zum heutigen Tag und tränkt die gesamte Schöpfung mit der Essenz des göttlichen Lichts, ist Träger des gigantischen Energiesystems unseres Universums. Die Apokalypse bedient sich des magischen Bildes eines Lebensflusses, der aus einer Quelle im Gebirge entspringt und alle Geschöpfe tränkt und von dem Paulus sagt: ‚In ihm leben, weben und sind wir‘ (Apostelgeschichte 17,28).

Dieser Energiefluss des göttlichen Lichts manifestiert sich in der unendlichen Vielfalt der sichtbaren und unsichtbaren Formen und Wesenheiten in ihren unterschiedlichen Existenzformen.

Der alte König schafft das Leben und nimmt es wieder in sich auf. Ihr Menschen könnt das Leben nicht schaffen, denn wenn ihr es könntet, würdet ihr nicht mehr sterben. Warum der alte König das Universum geschaffen hat, bleibt ein Mysterium, der göttliche Plan ist unergründbar."

„Erkläre mir doch bitte genauer, was es mit dem Lebensfluss auf sich hat, du hast mich neugierig gemacht", bat Ulla-Mae Anatol.

„Schau einmal in den spiralförmigen Nebel hinein", ermunterte sie Anatol und er sagte:

„Ich werde dir ein weiteres magisches Bild schenken, das dir helfen kann, den sehr abstrakten Schöpfungsmythos besser zu verstehen, denn die Quelle der Schöpfung, der alte König, lässt sich mit der Logik des Denkens nicht erfassen."

Ganz gespannt richtete Ulla-Mae ihren Blick auf den Nebelkreis und plötzlich formte sich in ihm eine Gestalt mit menschenähnlichen Zügen. Immer klarer waren die Konturen zu erkennen. Eine wunderschöne Frau saß auf einem Thron.

„Wer ist diese Frau?", wollte sie wissen.

„Das ist die Hohe Priesterin Avaneeh", sprach Anatol. „Sieh nur, sie trägt auf ihrem Haupt eine Tiara, deren Spitze eine Mondsichel ist."

„Warum sitzt sie vor zwei Säulen, zwischen denen ein Vorhang gespannt ist?", fragte Ulla-Mae. Anatol erklärte:

„Jedes Detail in einem magischem Bild hat eine tiefere Bedeutung. Wie du sehen kannst ist die eine Säule blau und die andere rot. Die beiden farbigen Säulen symbolisieren die Polarität von männlich und weiblich. Polarität ist der Beginn der Schöpfung. Der alte König, der reine Geist ist die Einheit. Der Schöpfungswille bedingt aber ein Heraustreten aus der Einheit in die Polarität."

„Warum bist du hier?", erklang ein fragendes Rufen, einem hellen Glockenklang gleich. Erschrocken antwortete Ulla-Mae:

„Der Tod nahm mir meinen geliebten Mann und ich bin darüber sehr verbittert. Ich möchte das Schicksal verstehen."

Avaneeh, immer noch auf ihrem Thron sitzend, legte ihre rechte Hand auf ein geöffnetes Buch und in der linken Hand hielt sie zwei Schlüssel. Die Hohe Priesterin sagte zu ihr:

„Du solltest das Licht der Weisheit finden, denn die Weisheit gleicht einer spirituellen Sonne. Begebe dich auf die Suche, damit du das wärmende Licht der Weisheit empfangen kannst. Die Quelle der Weisheit ist für euch Menschen manifestiert in den heiligen Schriften aller Kulturen, den Botschaften der Heiligen, Weltenlehrer und der Erleuchteten. Du kannst dich dieser Weisheit aber auch intuitiv nähern, jedoch gehen diesen Weg bisher nur wenige. Mit der Weisheit bekommst du die Schlüssel, mit denen du die Tür zu den Mysterien des Lebens öffnen kannst."

Kaum waren die Worte gesprochen, löste sich Avaneeh im Nebel wieder auf.

Und Anatol sprach:

„Das göttliche Licht, die Schöpfungsenergie, differenziert sich in vier geistige Urelemente, welche die Apokalypse mit den ‚Vier heiligen Tieren' beschreibt und die in deinem Kulturkreis durch die Symbole Feuer, Erde, Luft und Wasser dargestellt werden, denn euer menschlicher Verstand braucht stets eine für ihn vorstellbare Metapher oder Entsprechung. Die euch Menschen auf eurem Heimatplaneten vertrauten Elemente Feuer, Erde, Wasser und Luft sind irdische Entsprechungen dieser kosmischen Urelemente, aber sie sind nicht identisch mit diesen, sondern dienen eurem Verstand als Symbol. Tatsächlich sind sie Ausdruck verschiedener Energiezustände der göttlichen Schöpfungsenergie, die in allen Formen der Schöpfung präsent sind und eben diesen Lebensenergiefluss, den göttlichen Lichtstrom bilden.

‚Vier Elemente, innig gesellt, bauen das Leben, bilden die Welt‘, beschrieb sie poetisch Friedrich Schiller.

In der Schöpfungsenergie differenzieren sich auch die sogenannten 12 Urprinzipien des Lebens, die der Tierkreis in seiner Symbolik beschreibt. Doch nun, liebe Ulla-Mae, ist es wichtig, Folgendes zu verstehen:

Die Schöpfungsenergie würde sich im Unendlichen verlieren, wenn sie nicht auf eine Kraft treffen würde, welche sie aufnimmt und ihr Form gibt."

„Willst du damit die Endlichkeit der Schöpfung ansprechen?", fragte Ulla-Mae.

„Ja", antwortete Anatol, „das Universum ist begrenzt. Doch lass mich weiter erklären, an diesem Punkt dürfen wir nicht stehen bleiben. Diese Kraft wird als das Prinzip der Formgebung bezeichnet. Stell dir einfach vor, wie die männliche Schöpfungsenergie von einem weiblichen Gefäß aufgenommen und in eine Form gebracht wird. Auch hier habe ich ein passendes magisches Bild für dich. Schau doch noch einmal in den Spiralnebel hinein, damit es vor deinem inneren Auge entstehen kann."

Ulla-Mae schaute in den Nebel und schon formte sich dieser vor ihrem geistigen Auge zu einem Meer, dem eine reife Frau mit einem Kelch in der Hand entstieg.

„Oh, welch wunderschöner Anblick!", schwärmte Ulla-Mae. „Bitte Anatol, erkläre mir die Symbolik!"

„Nun, das will ich gerne tun", und er sprach:

„Die Frau symbolisiert die weibliche, negative Polarität, das passive, empfangende Prinzip. Der Kelch ist das Symbol für das Auffangen der Schöpfungsenergie, das göttliche Licht. Würde diese ausströmende Schöpfungsenergie nicht in einer Form begrenzt werden, würde sie sich im Chaos verlieren."

„Bedeutet es, dass die Schöpfungsenergie demzufolge die Form braucht?", wollte Ulla-Mae wissen.

„Ja, absolut, es gibt aber noch einen wichtigen Punkt zu verstehen", und er erklärte weiter:

„Die formgebende Kraft braucht aber ihrerseits die ausströmende Schöpfungsenergie. Trifft die formgebende Kraft auf keine Energie, die sie strukturieren und begrenzen kann, drohen Chaos, Erstarrung und Tod. Verstehst du das?"

„Ja, ich glaube schon, beide Kräfte brauchen sich also gegenseitig und ziehen sich an", antwortete Ulla-Mae.

„Genau das ist die Polarität" sagte Anatol und er erklärte weiter:

„Nur über die Formgebung wird die Schöpfungsenergie lebendig. Das formgebende weibliche Prinzip empfängt aber nicht nur die ausströmende Energie, sondern zieht sie gleichermaßen an, wird also aktiv und somit männlich. Ebenso ist die ausströmende gerichtete Energie nicht nur männlich, sondern auch weiblich, da sie die Form empfängt. Ja, Ulla-Mae, das ist nicht einfach zu verstehen. Doch im Verständnis des Wesens der Polarität liegt nun einmal der Schlüssel zu den Toren der Mysterien verborgen."

„Man kann also sagen", stellte Ulla-Mae fest, „der König braucht die Form und die Form braucht den König."

„Ja, der Lebensfluss, in dem wir leben, weben und sind, braucht eine begrenzende Form. Dieser Lebensfluss bewegt sich von seiner Quelle im Gebirge, dem Reich des alten Königs, hinunter zu den Ebenen, wobei sich die Schöpfungsenergie von Ebene zu Ebene immer mehr verdichtet. Diesen Prozess der Verdichtung nennt man Involution. Der König braucht also die Form, um sich in seinen Welten zu manifestieren, in dem er sich zur Vielfalt der Formen verdichtet, in denen er sich inkarniert. Genauso vollzieht sich auch die zyklische Inkarnation eures menschlichen Geistes, der nichts anderes als ein Teil des alten Königs, euer göttlicher Funke ist, der sich über die Verdichtungsstufen der Seelenkörper schließlich in der Form eures physischen Körpers manifestiert.

Alle Schöpfungsebenen, die mentale, astrale, ätherische und physische Welt, sind untrennbar miteinander verbunden und bilden eine sich gegenseitig durchdringende Einheit, die letztlich das ausmacht, was man lebendige Schöpfung nennt. Die Trennung, die ihr Menschen mit euren physischen Sinnen wahrnehmt, ist daher eine Illusion, denn sie bezieht sich nur auf die für euch sichtbaren grobstofflichen Körper und erleichtert euch das tägliche Leben in der Materie. Auch du selbst bist mit deinem Seelenkörper Teil der feinstofflichen astralen Welten, sonst könntest du jetzt nicht hier sein. Innerhalb dieser Einheit hat jede Welt ihre spezielle Dichte, Schwingung, Substanz und ihre manifestierten Formen. Je näher oder je weiter diese Welten von der Quelle entfernt sind, erscheinen ihre Formen fein- oder grobstofflicher.

Der ewige Lebensfluss, liebe Ulla-Mae, strömt von der Quelle, dem Zentrum, in die Ebenen, die Peripherie, um wieder zur Quelle, dem Zentrum, zurückzukehren.

Diese Rückkehr bezeichnet man als Evolution. Beide Bewegungen pulsieren zyklisch, treten immer zusammen auf, bedingen sich gegenseitig und aus ihrer Wechselwirkung entsteht das pulsierende Leben. Das göttliche Leben schwingt zwischen den Polen Geist und Materie, dazwischen befinden sich die feinstofflicheren Welten und ihre Geschöpfe, die ebenso Form annehmen, wie du als Mensch über deinen Körper Form annimmst. Nur sind diese Formen subtiler und du kannst sie mit deinen physischen Augen nicht wahrnehmen. Jede Form – ob du in der menschlichen Form, der Stein, die Pflanze, das Tier und auch die Planeten – sind Ausdruck und Träger einer geistigen Kraft, die alles belebt. In der verdichteten Form der Himmelskörper, so auch deines Planeten Erde, sind die Schwingungen der Schöpfungsenergie so träge, die Energie so dicht, dass die Formen für eure physischen Sinne sichtbar und fassbar werden, wodurch eure Wissenschaft sie erforschen kann. Auch hier gibt es ein passendes magisches Bild. Der magische Kreis bringt genau diese starke Verdichtung und Konzentration der Energie des göttlichen Lichts zum Ausdruck.

Das Licht des Königs wird zu den Welten der Schöpfung und ihren Formen und ist in seinem Wesen doch unwandelbar. Alles kommt aus der Quelle und die Quelle ist in allem enthalten. Der alte König, der Älteste aller Tage, ist das Einzige, was existiert. Alles andere ist Schöpfung aus seiner Essenz, seinem königlichem Licht, seiner Schöpfungsenergie.

Sieh das königliche Licht in allem, Ulla-Mae! Die Wahrheit wird euch frei machen, das sagte Jesus zu euch Menschen. Der alte König ist die Wahrheit. Lerne, liebe Ulla-Mae, mit dem geistigen Universum verbunden zu sein, aber wirke auf der Erde, deinem Planeten!"

Kapitel 4

Aamar, der Hüter der Schwelle

Mich lässt der Gedanke an den Tod in völliger Ruhe,
denn ich habe die feste Überzeugung, dass unser Geist
ein Wesen ist ganz unzerstörbarer Natur, es ist ein fort-
wirkendes von Ewigkeit zu Ewigkeit. Es ist der Sonne
ähnlich, die bloß unsern irdischen Augen unterzugehen
scheint, die aber eigentlich nie untergeht, sondern un-
aufhörlich fort leuchtet.

Johann Wolfgang v. Goethe

„Komm, Ulla-Mae", sagte Anatol, „lass uns Enceladus verlassen, unsere Reise fortsetzen und weiterschweben."

Sie schwebten durch unzählige Ringe von Gesteins-
partikeln und schließlich durch Wolken aus Wasserstoff,
die sich, je näher sie sich dem Planeten Saturn näherten,
zunehmend kondensierten. Tiefschwarze Dunkelheit
umfing sie und es wurde bitterkalt. Der felsige Planeten-
grund bestand aus Eisen und Silikaten.

„Wie unheimlich es hier doch ist", sagte Ulla-Mae mit
zitternder Stimme.

„Hab keine Angst", tröstete sie Anatol, „in meiner
Obhut bist du sicher. Wir haben unser Ziel auch bald erreicht."

Und beide schwebten weiter durch die kalte Finsternis. Plötzlich gaben die Wolkenschleier vage Lichtpunkte frei. Ulla-Mae erkannte, dass sie zu einem Palast gehörten, der immer deutlicher zu erkennen war. Dieser Palast befand sich auf einem Bergplateau und war von einer nüchternen Schönheit, die sich wohltuend von dem eher bedrohlich wirkenden dunklen Felsgestein abhob. Sie schwebten hinunter und befanden sich kurze Zeit später am großen Eingangstor. Eine Sense versperrte das Tor und auf den steinigen Stufen, die hinauf zum Tor führten, wand sich eine Schlange, die das Ende ihres Schwanzes in ihrem Maul hielt. Auf den umliegenden Felshängen sahen sie Steinböcke und Ziegen.

„Lass uns hineingehen und den Herrscher um eine Audienz bitten", sprach Anatol.

Ulla-Mae suchte ängstlich seine Hand und hielt sich an ihr ganz fest. Es gruselte sie sehr. Sie schritten über die Schlange hinweg und die Sense, sich bewegend, gab das Tor frei. Sie kamen in eine dunkle, große Halle. Der steinige Boden war aus schwarz glänzendem Onyx und grüne, funkelnde Turmaline schmückten in bizarren Mustern die Wände aus dunklem Moldavit. Am Ende der Halle sahen sie schneeweißes Licht. Sie gingen darauf zu. Ein Thron aus klarem Bergkristall war die Quelle des Lichts und ließ Ulla-Mae erstaunen. Und dann kam er, der Herrscher, der sein Kommen mit dumpfen Schritten ankündigte. Ulla-Mae schloss die Augen, sie hatte furchtbare Angst und klammerte sich fest an Anatol. Als sie ihre Augen wieder öffnete, glaubte sie ihrem Blick nicht zu trauen. Vor ihr stand ein Mann mit langem, weiß wallendem Haar und zwei Gesichtern. Braune Augen warfen ihr einen sanftmütigen Blick zu. Das silberne Gewand, das er trug, war mit kleinen roten Granaten verziert. Auf seiner linken Schulter saß ein Rabe und in seiner rechten Hand hielt er ein Zepter, das mit einem blaugrünem Türkis verziert war.

Und dann sprach der Herrscher mit tiefer, aber angenehmer ruhiger Stimme:

„Mein Name ist Aamar und ich herrsche über das Prinzip Capricorn. Mein Planet ist der Saturn. Ich bin derjenige, der sagt:

Versunken bin ich im überirdischen Licht, doch diesem Licht wende ich den Rücken zu. Ich bin der Hüter der Schwelle, schaue mit meinen beiden Gesichtern nach innen und nach außen, offenbare dem Menschen seinen Ursprung im König, seine Abkehr und seine Auferstehung im König.

Ich vereinige Himmel und Erde, verbinde das Licht und die Finsternis und werde zur Brücke zwischen Diesseits und Jenseits. Mit meinem Zepter schaffe ich die Verbindung zu anderen Welten, herrsche über die Zeit und das Alter, verkörpere die Härte und den Ernst des Lebens. Ich schaffe Strukturen und meine Maßstäbe sind streng. Ich bringe aber auch Ausdauer und Beständigkeit. Den Menschen helfe ich, die Erdenschwere zu überwinden, denn durch meine Kraft erwacht das innere, geistige Leben. Dem Suchenden bringe ich Weisheit und lasse ihn die höchsten Gipfel der Erkenntnis erklimmen.

Wer bist du und was hat dich zu mir geführt?", fragte er nun Ulla-Mae und sie antwortete ihm:

„Ich heiße Ulla-Mae. Der Tod hat mir meinen Mann genommen und ich leide darunter sehr. Ich möchte das Schicksal verstehen. Kannst du mir helfen, ehrwürdiger Herrscher?"

„Komm zu mir, Ulla-Mae, fürchte dich nicht. Den Bittenden und Suchenden öffne ich gern mein Herz."

In seiner Hand hielt er einen wunderschönen Stein und er sprach:

„Diesen blauen Korund möchte ich dir schenken. Er wird dir helfen, die wahre Quelle allen Lebens besser zu verstehen, das Göttliche in dir zu erkennen. Klarheit und Wahrheit sind immer heilsam und öffnen die Pforte zu einem tiefen Vertrauen in die Schöpfung. Gern möchte ich dich teilhaben lassen an meiner Weisheit, damit auch du im überirdischen Licht versinkst, doch diesem Licht den Rücken kehrst, um deine gewonnene Weisheit in deinem Leben auf Erden in deinen Taten lebendig werden zu lassen."

Der Herrscher setzte sich auf seinen Thron aus Bergkristall und sprach weiter:

„Der alte König, der Schöpfer des Universums, erschuf mit seinem Licht die große Welt, den Makrokosmos. Zur großen Welt gehört die Weltenseele mit ihren mentalen, astralen, ätherischen Reichen und ihren manifestierten Formen. Nach diesem, seinem Bilde, schuf er auch den Mikrokosmos, die kleine Welt, den Menschen.

Ja, Ulla-Mae, du bist ein kleiner Kosmos und somit ein Abbild des großen Kosmos'. Alle Welten des Makrokosmos sind auch in dir. Mit seinem Licht schuf der alte König den Menschen. Der göttliche Funke des Königs ist in dir, ist deine Quintessenz, doch du bist nicht der König. Deine mentale Seele ist ein Teil der mentalen Weltenseele, deine astrale Seele ist ein Teil der astralen Weltenseele und deine ätherische Seele ist ein Teil der ätherischen Weltenseele. Deine Seele steht also mit der Weltenseele in Verbindung, so wie dein menschlicher Geist in Verbindung mit dem Geist des Makrokosmos steht. Alles ist in allem enthalten und alles ist miteinander verbunden. Der alte König ist mit seinem Licht in allem immanent.

Der alte König, der Älteste aller Tage, das große schöpferische Feuer, die ewige Flamme, braucht die Weltenseele als Vermittlerin, um in der großen Welt zu wirken. Die Weltenseele ist das denkende und empfindende Bewusstsein, das all ihre Reiche beseelt und durchdringt.

Der göttliche Funke im Menschen, der Funke der Ewigkeit und Unsterblichkeit, braucht die menschliche Seele mit ihrem denkenden und empfindenden Bewusstsein als Vermittlerin, um in der Materie, der Welt der Handlungen, zu wirken.

Das Erkennen des göttlichen Funken im Menschen ist das Ziel aller Religionen. Dieses Erkennen ist ein langer, langer Weg und führt zur Auferstehung des göttlichen Geistes im Menschen, der, wenn seine Suche sich erfüllt hat, zu einem neuen Bewusstsein erwacht und nun zu einem wahren Träger und Ausführenden des Willens des Königs wird."

„Wenn du der Herrscher über die Zeit bist", fragte Ulla-Mae, „bestimmst du auch über die Lebenszeit von uns Menschen?"

Aamar antwortete auf ihre Frage mit den Worten:

„Der Wille des alten Königs polarisiert sich in seiner Schöpfung in ein Prinzip des Lebens und in ein Prinzip des Todes. Dieses Wechselspiel der Polaritäten von Leben und Tod bewirkt das Pulsieren des Lebensflusses. Es ist das ewige Stirb- und Werde, das ewige Kommen und Gehen, es ist das Leben, das sich zur Form verdichtet und ebenso die Form von sich weist und diese sterben lässt.

Das durch eine Taube symbolisierte Lebensprinzip entspricht demnach dem Willen des Königs, zu sein. Das Todesprinzip, symbolisiert durch einen Raben, entspricht dem Willen des Königs zur Auflösung und Zerstörung der Form.

Als Herrscher über die Zeit verkörpere ich das formgebende Prinzip und übe mit der mir innewohnenden Kraft der Formgebung eine Anziehung auf die Schöpfungsenergie aus, bewirke damit einen involutionären Impuls.

Das formgebende Prinzip führt in seiner positiven Polarität zu einer dem Geist dienenden Form, Gestalt und Begrenzung. In seiner negativen Polarität führt es zur Erstarrung und Tod.

Deine körperliche Form, Ulla-Mae, wird über die Chakren des Ätherkörpers deiner Seele mit einströmenden Lebensenergien beseelt und belebt. Dein Körper wird zur begrenzenden Form des Geistes, wird zu seinem Tempel. Das Lebensprinzip, das also ein Ausdruck des höheren Willens ist, zu sein, steuert die Körperatome und mit dem Blutstrom, dem Träger der Lebenskraft, wird der Körper durchdrungen.

Nun komme ich aber zum Kern deiner Frage: Ich bestimme über die Zeit des Menschen in seinem Körper. ‚Ein Mensch ist in seinem Leben wie das Gras, er blüht wie eine Blume auf dem Felde, wenn der Wind darübergeht, so ist sie nimmer da, und ihre Stätte kennt sie nicht mehr', Psalm 103.

Der Tod, liebe Ulla-Mae, ist aus ganzheitlicher Sicht nur metaphysisch zu erklären. Auch hier hat die universelle Weisheit das Tor geöffnet, um das Todesprinzip besser verstehen zu können. Wenn die Zeit gekommen ist und der Wille des Königs die Auflösung der Form verlangt, dann müsst ihr Menschen sterben. Wenn sich die Lebensenergie des Königs aus dem Körper zurückzieht, bricht die physische Organisation zusammen. Es folgt Erstarrung und Tod, die Auflösung der körperlichen Form. Der Tod klopft an eure Pforte, wenn der Lebenswille zu sein erlischt und der Wille zur Formauflösung an seine Stelle tritt. Wenn der Zweck, die Absicht der Inkarnation erfüllt ist, hört der Mensch auf zu atmen. Eure Lebensdauer ist ein Schicksalspunkt, sie richtet sich nach der höheren Absicht und den karmischen Aufgaben, die erfüllt werden müssen. Ebenso sind die Todesart und die Todesumstände schicksalhaft."

„Was ist denn nun aus okkulter Sicht der Tod genau?", fragte Ulla-Mae.

Aamar erklärte:

„Wenn der alte König sein göttliches Licht aus dem Körper zurückzieht und das Herz aufhört zu schlagen, dann kommt der Tod, der dem Menschen auf der Ebene der sichtbaren Erscheinung die Form nimmt, den Körper sterben lässt. Gleiches geschieht, wenn durch äußere Gewalt die körperliche Struktur zerstört wird, wie etwa durch einen Unfall. Auch Krankheit kann ein schrittweiser Prozess sein, den inneren geistig-seelischen Menschen von seinem Körper zu lösen. Ist der Zeitpunkt der Loslösung von der Form gekommen, kann keine weltliche Macht dies verhindern. Der Lebenszyklus des Menschen in seinem Körper hat sich dann auf Erden erfüllt.

Der Todesvorgang betrifft zunächst die Auflösung des stofflichen und ätherischen Körpers, später erfolgt die Auflösung des astralen und mentalen Seelenkörpers."

„Sage mir Aamar, was bleibt von einem Menschen, der gestorben ist?", fragte Ulla-Mae. Der Herrscher antwortete:

„Aus okkulter Sicht ist der Tod die Zurückziehung des geistig-seelischen Menschen, die Aufhebung der Begrenzung seines Bewusstseins an die körperliche Form. Der innere Mensch bleibt er selbst. Er ist nun frei in Bezug auf die physische Ebene, seine Individualität geht nicht verloren. Nach dem Tod ist es derselbe Mensch, nur außerhalb der Form des Körpers. Später wird er einen zweiten Tod sterben, wenn sich die feinstoffliche Form seiner Seelenkörper auflöst. Der innere Mensch kehrt nun als individualisierter reiner Geist wieder ein in das Reich der Weltenseele.

Dieser, euer göttlicher Funke, individualisierter Teil des alten Königs, hat jede stoffliche Existenz und Form verloren. Er repräsentiert euer wahres Höheres Selbst, ist reiner, unsterblicher Geist und bewahrt alle Informationen eures menschlichen Daseins, auch euer Karma, bis er vom alten König den Impuls erhält, sich wieder über die Stufen der mentalen, astralen und ätherischen Seelenebenen in einem neuen physischen Körper zu manifestieren. Ihr nennt das Inkarnation."

„Warum ist der Tod für uns Menschen so entsetzlich? Er ist für mich ein Schreckgespenst, das unfassbares Leid bringt", fragte Ulla-Mae.

Und Aamar antwortete ihr mit einem warmherzigen und mitfühlendem Ausdruck in seiner Stimme:

„Ihr Menschen seid fühlende Wesen. Der Schmerz der Trauer und des Verlustes ist groß. Den geliebten Menschen mit den euch gewohnten physischen Sinnen nicht mehr spüren, fühlen, berühren, liebkosen, nicht mehr mit ihm reden, lachen und weinen zu können, nicht mehr mit ihm das Leben zu teilen, ist eine große leidvolle Erfahrung im menschlichen Dasein. Ich möchte dir über mein Mitempfinden hinaus Trost spenden, der spirutueller Natur ist."

Und der Herrscher sprach weiter. Ulla-Mae lauschte wie gebannt seinen Worten:

„Dem großen Übergang müssen alle Menschen ins Auge blicken. Oft fesselt jedoch menschliche Angst die Seele, die nach Freiheit ringt und so gern dem Ruf in die geistige Heimat folgen will. Im äonenlangen Zyklus der Inkarnationen habt ihr Menschen den beständig wiederkehrenden Tod des Körpers, die Auflösung der Form immer wieder erfahren. Solange ihr euch aber nur mit der Form eures physischen Daseins identifiziert, wird der Verlust des Körpers immer seinen Schrecken behalten. Es ist aber auch der Sterbevorgang selbst, erlebt in vielen Inkarnationen, der sich in das Bewusstsein brennt. Zu viele Tode waren gewaltsam, grausam und von Angst geprägt, die ihre Quelle in der Unwissenheit hatte. Der Schmerz vergangener Todeserfahrungen ruht als beklemmende Erinnerung auf dem emotionalen Seelengrund. Wie ich dir bereits erklärte, bewahrt dein Geist alle Lebenserfahrungen aus den Äonen deiner Inkarnationen und speichert sie erneut in der Seele, bevor er sich wieder in einem Körper manifestiert. Denn die Seele dient dem Geist als feinstoffliches Bindeglied zum physischen Körper, um in ihm in der materiellen Welt zu handeln. Die Angst vor dem Unbekanntem und auch die Angst, geliebte Menschen zurücklassen zu müssen, belasten euch Menschen ebenso schwer.

Erhebe dein Bewusstsein über die Körperform, liebe Ulla-Mae und erkenne, dass der alte König über die materiellen Körper seiner Schöpfung, so auch des Menschen, zyklisch wirken will. Dann wird auch deine Angst schwinden.

In der Meditation kann man jene Kraft des Geistes erfahren, die euch Menschen über die Körperebene hinausträgt. Mache deinen Frieden mit dem Tod, Ulla-Mae! Mögen die Worte der Weisheit mit ihrem heiligen Feuer die Bitterkeit in deinem Herzen verbrennen. Befreie dich aus der Finsternis deiner Unwissenheit, strebe in die Höhe, um frei atmen zu können. Begebe dich zum Göttertor und erschau die Sonne um Mitternacht. Strebe nach geistigem Erwachen und liebe die stille und dunkle Zeit mit ihren langen Nächten, die dich einlädt, dein inneres Licht zu suchen. Und erkenne:

Ich bin eine Manifestation des Königs so, wie du eine Manifestation des Königs bist.

Ich, Aamar, manifestiere mich durch meinen Planeten so, wie du dich durch deinen Körper manifestierst und materiell in Erscheinung trittst.

Mein Planet ist der Tempel meiner planetarischen Weltenseele und meines planetarischen Geistes so, wie dein Körper der Tempel deiner Seele und deines Geistes ist.

Deine Seele ist verbunden mit der Weltenseele deines Heimatplaneten Erde und mit der Seele meines Planeten so wie aller anderen.

Es gibt keine Trennung, der Geist des Königs ist in allem enthalten."

Kapitel 5

Im finsteren Reich des Magalis

Nur wenn sie reif ist, fällt des Schicksals Frucht.

Friedrich von Schiller

„Welches Ziel unserer Reise hast du als nächstes auserkoren?", fragte Ulla-Mae Anatol.

„Wir werden zum Mond des Planeten des Todes, der Zerstörung und der Auferstehung schweben", antwortete Anatol.

„Nein!", rief Ulla-Mae entsetzt, „dorthin komme ich nicht mit! Du machst mir Angst, schweb allein weiter!"

„Habe Vertrauen, Ulla-Mae! Dir wird kein Leid geschehen, ich will dich auch nicht quälen. Doch das, was der Herrscher dir zu sagen hat, kann sehr wichtig für dein Verstehen sein. Du allein triffst die Entscheidung, ob du umkehren oder ob du am Reichtum der universellen Weisheit weiter teilhaben möchtest und die Chance nutzen willst, vom Gipfel der Erkenntnis gelassen auf die klagende Menge, die sich in Unwissenheit badet, zu schauen."

Ulla-Mae sann über Anatols Worte nach und dann sagte sie: „Ich folge dir."

Und beide schwebten durch die dunkelblaue Nacht des Alls, des Allumfassenden, vorbei an funkelnden Sternenwelten. Nach geraumer kosmischer Zeit näherten sie sich Charon. Düstere Nebelschwaden und eine schwermütige Dämmerung hüllten das dunkle Gestein des Plutomondes ein. Die Finsternis schien überall zu sein. Schwarze Schatten huschten gruselerregend über sie hinweg. Schaurig und öd war die steinige Landschaft anzusehen und ungeheuerlich, fremdartig und grauenvoll fraßen sich Schlünde und Klüfte in das kalte schwarze Gestein.

„Ulla-Mae, komm zu mir, lass uns das magische Tor betreten", rief Anatol. „Es wird uns in das dunkle Reich des Herrschers bringen."

Ein Strudel voll kraftvoller Energie zog beide in das Innere des Mondes. Ulla-Mae hatte nunmehr keine Chance, sich gegen diesen gewaltigen Kraftstrom zu wehren, der sie machtvoll in ein Höhlengewölbe im tiefen Gestein katapultierte.

„Wir sind im Heiligtum des Herrschers, im Plutonium angekommen", sagte Anatol.

Schwarze Gesteinswände aus Melanit schufen eine rauhe und zackige Kulisse. Feueropale und orangegelbe Adamine spiegelten den Schein eines lodernden Feuers wider, das sich in Form eines Adlers mit weiten Schwingen durch bizarre Felsspalten hinauf zum dunklen Himmel emporwand. Sumpfig modriger Geruch entstieg einem Tümpel und Ulla-Mae wagte es nicht, sich diesem auch nur einen Schritt zu nähern. Wasser tröpfelte von den Wänden und rann in kleinen Rinnsalen in tiefe Spalten des Gesteins.

Im Feuerschein sahen die Tropfen der Stalagtiten wie funkelnde Sterne aus, die dem schaurigen Gewölbe etwas von ihrem lichtvollen Glanz schenken wollten. Der reiche faszinierende Tropfsteinschmuck verlieh dem finsteren Reich einen Hauch von Poesie. Plötzlich bebte das Felsgestein und Ulla-Mae, zutiefst erschrocken, versteckte sich hinter einem Felsvorsprung. Ihr Herz klopfte vor lauter Angst und drohte, sie aus ihrem Traum zu reißen. Sie wagte kaum zu atmen und kalter Schweiß benetzte ihre Stirn. Ihr war klar: Der Herrscher nahte.

Auf einem vergoldeten vierspännigen Streitwagen kam er daher und lenkte mit goldenen Zügeln die schwarzen Rosse. Auf dem Haupt trug er eine goldene zackige Krone, die mit smaragdgrünen Dioptasen verziert war. Das lange zottelige, schwarze Haar hing ihm wild über der Stirn. Seine rubinrote Tunika schmückte ein Schörl. An seinem Gewand war ein den Reichtum symbolisierendes Füllhorn gebunden.

Der Streitwagen kam zum Stehen und der Herrscher stieg würdevoll aus, an seiner Seite ein Hund mit drei Köpfen, den er Kerberos nannte. In seiner rechten Hand hielt er einen Stab, an dessen Ende ein blutroter Granat leuchtete. Der Herrscher lachte laut und rief:

„Menschenkind, zeige dich! Du brauchst dich nicht vor mir zu verstecken. Ich bin in guter Absicht gekommen, fürchte dich nicht!"

Anatol warf Ulla-Mae einen ermutigenden Blick zu. Das tiefe Band des Vertrauens ließ sie hervortreten. Der Herrscher sah ihr in die Augen und aus diesen Augen funkelte Macht, die ihr aber nicht feindlich gesinnt war. Und dann sprach er:

„Man nennt mich Magalis. Ich herrsche über das Prinzip Scorpio und bin der, der sagt: Krieger bin ich, und aus dem Kampf gehe ich siegreich hervor.

Mit meiner großen Kraft bringe ich Chaos und Zerstörung, um eine neue Ordnung zu schaffen. Ich bringe aber auch das transzendierende Feuer, das in seiner Reinheit den Menschen zu seiner Auferstehung führt. Die Menschen führe ich zum alten König, doch zuvor stürze ich sie in den Abgrund. Wenn ich meinen Hadeshelm trage, bin ich der unsichtbar Machende und die Menschen fürchten mich sehr."

Dann fragte er: „Wer bist du und warum bist du hier?"

Ulla-Mae antwortete ihm:

„Der Tod nahm mir meinen Mann und ich leide sehr. Ich suche das Licht, das mir wieder hilft zu leben. Darf ich dir eine Frage stellen, ehrwürdiger Herrscher?"

„Ja, das darfst du."

„Du sagtest, du würdest uns Menschen zur Auferstehung führen, was meinst du damit?"

Der Herrscher setzte sich auf einen kubischen Stein und sprach mit tiefer Stimme, die Ruhe ausstrahlte und der nun Ulla-Mae wie gebannt lauschte.

„Der Körper, der in seinem kalten Grab verwest, kann nicht auferstehen. Das höchste Ziel, die Auferstehung, vollzieht sich nicht im Erdengrab. Auferstehung kann nur spiritueller Natur sein und meint die Verwirklichung des göttlichen Geistes im Menschen und dazu bedarf es unzähliger Inkarnationen im Lebensrad des Tierkreises. Jede neue Existenz ist das Ergebnis eines Urteils über das vergangene Leben, gefällt von den 24 Ältesten, von denen euch die Bibel berichtet. Dieses hohe geistige Tribunal gehört zum reinen Geist auf der Schwingungsebene des alten Königs und bleibt wie dieser dem menschlichen Verstand unzugänglich. Es beurteilt das Wirken des Menschen nicht nur nach seinen Taten, denen Gedanken und Emotionen vorausgingen, sondern auch nach seiner Absicht, die eingebunden ist in seinen geistig-seelischen Reifegrad.

Die Konfrontation eines Jeden von euch mit den Absichten und Folgen seiner Handlungen ist ein Ausdruck der geistigen Gesetze von Ursache und Wirkung sowie deren Ausgleich. Das Schicksal ist eine Form der Einlösung dieser Gesetze, denen sich keiner entziehen kann und die ein Garant sind für die evolutionäre Weiterentwicklung. Eure östlichen Meister nennen es Karma.

Der leidende Mensch sucht Antworten auf sein Leiden, sucht den dahinter stehenden Sinn, sucht Trost. Menschen ohne Kummer und Sorgen bedürfen des Trostes nicht. Sie werden auch nicht freiwillig in ihre eigene Tiefe schauen und nach dem Sinn des Lebens suchen. Wenn jedoch materielle Sicherheiten einstürzen, Einsamkeit und der Tod geliebter Menschen sich wie schwarze Schatten über das Leben legen, wenn bei schwerer Krankheit medizinische Hilfe an ihre Grenzen stößt, dann öffnet sich der Mensch leichter für die höheren Schwingungsebenen seines Daseins, findet dort Kraft und Halt, die er vergeblich im Außen gesucht hatte. Er findet seine wahre seelische Kraft tief in seinem Inneren, die ihn das Leid überwinden lässt und wird getröstet. Hinter dem Leid verbirgt sich ein Erfahrungsweg, der ein Weg des Lernens und des Hinterfragens ist und das Wesentliche erkennen lässt. Das bedeutet, dass du, Ulla-Mae, bestimmte Erfahrungen durchleben musst, weil nur diese Erfahrungen der Erfüllung des Lebenszieles dienen. Deinen Lebensplan webt der alte König ganz allein. Du kannst dein Leben nicht in seiner Ganzheit überblicken. Warum du deine speziellen Erfahrungen erleben musst, ist nicht ergründbar, da sie Teil deines Schicksals sind. Dein Lebensplan ist mit deiner Verstandeskraft nicht fassbar, nur intuitiv kannst du dich ihm, auch mit Hilfe des Horoskops, nähern. Aber wohlgemerkt, niemals erfassen, da der alte König, der durch dich in der Welt wirken will, seine Absicht außerhalb von Raum und Zeit festlegt. Auch wenn du einen freien Willen hast und selbstbestimmt Entscheidungen treffen kannst, so wird doch auf der Schicksalsebene dein Leben so verlaufen, wie der alte König es will und glaube mir: Dein Schicksal wird sich erfüllen.

Das Schicksal bringt dich in Verbindung mit Menschen, mit denen du ganz bestimmte Beziehungen eingehen musst. Wenn du vorher wüsstest, welch schwierige Aufgaben und Prüfungen dich oft mit anderen verbinden, glaube mir, du würdest rechtzeitig das Weite suchen. Aus diesem Grund lässt dich dein Schicksal diese karmischen Ereignisse nicht vorher erkennen, du bist völlig ahnungslos. Wie ein starker Bann zieht es dich in die Situationen hinein, die für dein Wachstum notwendig sind und wo du einen karmischen Ausgleich zu leisten hast. Wenn die Zeit reif ist, begegnest du deinem Schicksal. Keinem Hellseher wird dein karmisches Schicksal in seiner Größe offenbart werden, und wenn doch, dann dürfte er es dir nicht sagen.

Vielleicht erkennst du erst am Ende des Weges, warum du diesen, eben deinen Weg und keinen anderen gehen musstest, denn genau deine Erfahrungen, so schmerzvoll sie auch gewesen sein mögen, brauchtest du für dein Wachstum. Ich wünsche dir, dass du erkennst, dass du von einer unsichtbaren Hand geführt wirst und die Fügungen in deinem Leben so wundersam gelenkt werden."

„Du meinst also, ich brauche das Leid, um zu wachsen?", fragte Ulla-Mae.

Magalis antwortete ihr:

„Das Schicksal will dich letztlich auf deinem evolutionären Pfad zu einem viel weiteren umfassenderen Verständnis der Einheit allen Lebens führen. Der Schmerz ist dein Diener, auch wenn du das vielleicht in deiner schweren Lebenssituation nicht annehmen kannst. Menschen sind oft nur durch ihn größer geworden. Meist bringen sehr intensive Erlebnisse eine Metamorphose des Bewusstseins. Diese kann durch eine leidvolle Erfahrung, wie zum Beispiel den Tod eines geliebten Menschen oder eine schwere Erkrankung, ausgelöst werden. Doch auch du setzt dem Bedürfnis deiner Seele zu wachsen Widerstand entgegen. Das erzeugt Spannung. Den geistig-seelischen Kräften, die nach evolutionärem Wachstum verlangen, kannst du nicht auf Dauer standhalten."

Ulla-Mae erwiderte:

„Du sagst das so einfach, ehrwürdiger Herrscher. Ich habe mich in meinem Schmerz verloren, sehe nicht das Licht, das mir zu Wachstum verhelfen kann. Ich bin einfach nur verbittert, hadere mit dem Schicksal, fühle mich bestraft!"

„Ich verstehe deinen Schmerz, Ulla-Mae, doch wenn

wir beide in deinem Schmerz ertrinken, kommst du in deinem Leben nicht weiter. Lass mich erklären."

Ulla-Mae hatte Tränen in den Augen, fühlte aber dennoch, dass hier nicht der Ort war, sich ihren Gefühlen hinzugeben.

Magalis sprach:

„Das Bedürfnis nach Sicherheit ist groß. Vergangene Lebenserfahrungen hast du bewertet und diese Bewertung bestimmt die Definition deiner Gegenwart. Doch die evolutionären Kräfte erzeugen Druck und verlangen von dir, dass du dich auf das Unbekannte der Zukunft einlässt. Das macht dir Angst, es fehlt dir das Vertrauen. Du willst auf dem Fundus deines vergangenen Erfahrungsschatzes die Gegenwart kontrollieren, aber die Zukunft ist nicht kontrollierbar. Deine Angst vor dem Unbekannten in der Zukunft hemmt dich, Entscheidungen zu treffen, die für dein Wachstum notwendig wären. Somit verweigerst du dich notwendigen Veränderungen und die evolutionären Lebenskräfte müssen dich durch Ereignisse zwingen, den Widerstand gegen Wachstum aufzugeben.

Klammerst du dich mit aller Macht an das, was dich daran hindert, dich weiterzuentwickeln, dann kommt meine Macht ins Spiel und ich muss gewaltsam zerstören, damit das Neue in dein Leben treten kann. Natürlich wirst du mit mir hadern, aber wenn du an deinem Lebensende auf alles zurückschaust, werde ich vielleicht für dich zu einem lieben Freund."

„Bin ich an das Schicksal gebunden?", fragte Ulla-Mae.

Magalis antwortete ihr:

„Einerseits bindet dich das Schicksal, das du selbst karmisch verursacht hast, andererseits hast du einen freien Willen und somit auch die Macht, deinen weiteren Weg und damit dein künftiges Schicksal zu bestimmen. Wenn du dich von unbewussten Trieben und niederen Bedürfnissen beherrschen lässt und gegen dein Gewissen handelst, dann gib bitte nicht dem alten König die Schuld, wenn du im Schlamassel sitzt. Kein Feuer brennt stärker als die unbeherrschte, ungezügelte Leidenschaft und die stärksten Ketten schmiedet der Hass. Eifersucht, Bosheit, Gier und Neid lassen dich zu niederen Taten verleiten. Gib auf dich acht! Das Niedere muss in dir sterben und die Begierde überwunden werden. Lass ab von Gewalt. Alle Menschen haben Angst vor Gewalt, auch die Tiere! Sie stehen vor dem Allerhöchsten keineswegs unter euch Menschen, denn sie sind wie ihr empfindende Wesen, die nicht nur ein Recht auf Leben haben, sondern eine eigene Lebensaufgabe erfüllen sollen. Es gilt: Nur der, der ihnen das Leben geschenkt hat, hat das Recht, es wieder zurückzunehmen. Deshalb berichtet euch das Alte Testament von den Worten des Königs:

‚Sehet da, ich habe euch gegeben alle Pflanzen, die Samen bringen, auf der ganzen Erde, und alle Bäume mit Früchten, die Samen bringen, zu eurer Speise‘, (1.Mose,1,29).

Mit den Tieren sollt ihr die Früchte der Erde teilen, sie achten und schützen wie euresgleichen und ihre Gaben, die sie euch dafür schenken, dankbar annehmen. Das Gebot des Königs lautet: ‚Du sollst nicht töten‘,

(2.Mose 20,18).

Kämpfe wie ein Krieger mit deiner niederen Natur, die dich an das Schicksal bindet und gehe siegreich aus diesem Kampf hervor."

„Was kann ich tun, Magalis?", fragte Ulla-Mae.

Er sagte: „Es gibt eine goldene Regel:

Wenn du anderen zufügst, was du dir selber nicht wünschst, dass man es dir antut, dann kommt es auf dich zurück.

Sei friedvoll in deinen Gedanken, sei großherzig im Geben, denn was du nicht selber gibst, kannst du nicht empfangen. Gib zuerst das, was du dir wünschst.

Überprüfe ab und zu dein Leben und frage dich, wo du bekommen hast, ohne zu geben, wo du verzeihen und etwas wiedergutmachen kannst. Bleibe ehrlich und aufrichtig zu dir selbst und zu anderen. Korrigiere möglichst schnell deine Fehler, aber sei nicht zu streng mit dir, denn vor dem alten König zählen deine Bemühungen. Frage dich auch, was in deinem Leben sterben, wovon du dich befreien solltest. Suche stets das Gegenteil von dem, wovon du dich befreien möchtest. Willst du dich von deiner Angst befreien, dann suche den Mut in dir. Fühlst du dich ohnmächtig, von Fremdbestimmung beherrscht, dann suche die eigene Macht, die dich zu Selbstbestimmung führt. Du musst dich befreien und gleichzeitig an etwas binden. Absolut frei ist nur der alte König, der sich in seiner Schöpfung freiwillig begrenzt hat. Lass dich nicht von dem Unerfüllten erdrücken, sei dankbar für die Gaben des Lebens, die du schon bekommen hast. Bleib deinem Gewissen treu und Kraft und Festigkeit werden dich belohnen."

Der Herrscher kam auf Ulla-Mae zu und gab ihr einen Opal und mit warmherziger Stimme sprach er:

„Dieser Stein ist mein Geschenk an dich. Er soll dich ermutigen, das Leben anzunehmen, wie es ist. Lass dich ein auf den sich stets wandelnden Lebensfluss, der dir Wachstum verheißt. Mögest du erkennen, dass dein Leid nicht vergebens ist, du den Sinn ergründest und daran wachsen kannst. Wenn sich die Schatten der Nacht wieder über dein Leben legen, dann vertraue auf den König, denn er wirkt auch in dir, er selbst ist das Leben. Vertraue auf ihn in guten wie in schlechten Zeiten und bedenke, Leid geht vorüber, richte den Blick nach vorn! Alle Schwierigkeiten kannst du meistern, wenn du dir selbst und dem Leben vertraust. Bedenke, auch die unglücklichsten Umstände können sich im Nachhinein als ein Segen erweisen. Genieße die glücklichen Momente, auch sie gehören zu deinem Schicksal und überlege, welche Saat du säen willst, um auch in der Zukunft dich an süßen Früchten erfreuen zu können.

Und erkenne:

Ich bin eine Manifestation des Königs so, wie du eine Manifestation des Königs bist.

Ich, Magalis, manifestiere mich durch meinen Planeten so, wie du dich durch deinen Körper manifestierst und materiell in Erscheinung trittst.

Mein Planet ist der Tempel meiner planetarischen Weltenseele und meines planetarischen Geistes so, wie dein Körper der Tempel deiner Seele und deines Geistes ist.

Deine Seele ist verbunden mit der Weltenseele deines Heimatplaneten Erde und mit der Seele meines Planeten so wie aller anderen. Es gibt keine Trennung, der Geist des Königs ist in allem enthalten."

Kapitel 6

Im blauen Palast des Chumani

Nicht den Tod sollte man fürchten,
sondern dass man nie beginnen wird zu leben.

Marcus Aurelius

„Folge mir weiter durch die Weiten des Alls, spüre die Grenzenlosigkeit und lass dich von dem Sternenlicht berühren. Schwebe nun mit mir zu dem größten Planeten unseres Sonnensystems, dessen Monde Ganymed, Himalia, Io und Kallisto wir bald passieren werden“, rief Anatol mit überschwänglicher Stimme Ulla-Mae zu.

Alsbald näherten sie sich einer Wolkenhülle mit unvorstellbar riesigen Ausmaßen. Ulla-Mae wurde es bei diesem Anblick leicht schwindlig, denn in diesen gigantischen Wolkenbändern formten sich Wirbel mit mehreren tausend Kilometern Umfang. Heftige Winde brausten durch die äußeren Schichten des Gasplaneten. Je näher die beiden sich dem Kern des Planeten näherten, umso dichter wurden die Wasserstoffwolken, die schließlich als schwerer Regen niedergingen.

Ein unglaubliches Szenarium spielte sich da ab: Der verflüssigte Wasserstoff wirbelte in den entfesselten Winden zunächst schäumend umher, um dann mit einem dämonischem Tosen in einem schwarzen Ozean abzuregnen. Ulla-Mae wurde es immer unheimlicher. Zum Glück ist es nur ein Traum, dachte sie wieder einmal.

„Anatol", fragte sie aufgeregt, „wohin bringst du mich nur?"

„Vertraue mir", sagte er und sie schwebten weiter durch einen dunklen Himmel. Plötzlich galoppierte ein seltsames Wesen, halb Pferd und halb Mensch, mit Pfeil und Bogen in die sternenlose Nacht zielend, an ihnen vorbei.

„Anatol!", rief Ulla-Mae ganz aufgeregt, „welch seltsame Gestalt reitet da an uns vorbei?"

„Das ist der geflügelte Kentaur! Wir sind auf dem Planeten Jupiter angekommen", antwortete er freudig.

„Warum ist diese Kreatur halb Pferd und halb Mensch?", fragte Ulla-Mae.

„Der geflügelte Kentaur symbolisiert den Menschen, der seine animalische Natur überwunden hat und seine höhere, göttliche Natur in den Dienst eines geistigen Ideals gestellt hat. Er symbolisiert aber auch den kosmischen Menschen, der nach dem körperlichen Tod durch die Sternensphären hinauf in geistige Höhen aufwärts strebt", erklärte Anatol.

Als der Kentaur aus ihrem Blickfeld entschwand, nahmen sie in der Ferne ein intensives goldblaues Licht wahr. Auf dieses Licht schwebten Anatol und Ulla-Mae nun zu. Als sie näherkamen, glaubte Ulla-Mae, in einem Meer der Illusion zu versinken, denn das, was sie nun sah, war ein einziger Traum von vollendeter Poesie.

Ein Palast mit fünf Kuppeln, aus königsblauem Lapislazuli gebaut, war umgeben von einem Band aus Sternen, funkelnden Zitrinen gleich, das sich erhaben und schön wie ein Blütenkranz um das prächtige Gebäude legte. Ulla-Mae war sprachlos. Wie ein Diadem leuchtete der Palast in der schwarzen Nacht.

„Lass uns hineingehen", sprach Anatol, „der Herrscher erwartet dich."

Die große Flügeltür gab den Blick frei auf Säulen und Bögen aus weißem Lazulithgestein. Die elegante Säulenhalle erinnerte an einen Tanzsaal aus einem russischen Zarenpalast und ein Klangmeer von Mantren, silberglockenhell, ertönte so himmlisch. Die Architektur webte hier ein Tor zwischen den Zeiten und brillierte mit vollendeten Formen der Demut und der Hingabe. Ein kunstvoll gestaltetes Wasserbecken aus weißem Milchopal, magisch beleuchtet, befand sich unterhalb einer mit vergoldeten Statuen umsäumten Kaskade. Treppenstufen führten hinauf zu einem Thron, der mit weichem Purpursamt belegt war.

„Lass uns hier am Fuße der Kaskade auf den Herrscher warten", sagte Anatol.

Kaum waren die Worte gesprochen, erschien der Herrscher und setzte sich auf seinen Thron. Auffallend war sein langer weißer, wallender Bart, der zu seinem violettblauen Gewand einen wunderbaren Kontrast bot. Zu seinen Füßen saß ein Adler. In seiner linken Hand hielt er ein Zepter mit einer Kugel obenauf und in seiner rechten Hand zuckte fortlaufend ein Blitz. Und plötzlich sprach er:

„Ich bin Chumani, ein weiser und gütiger Regent des Lichts und herrsche über das Prinzip Sagittarius. Ich bin das geläuterte Feuer und erlöse den göttlichen Funken von seiner Erdenschwere, erwecke im Menschen die geistige Werdesehnsucht. Ich bin der, der sagt:

Ich sehe das Ziel. Ich erreiche das Ziel und sehe dann

ein weiteres. Ich führe die Menschen hinaus in die geistige Welt, lasse sie sich mit meinem heiligen Feuer ihrer wahren Natur zuwenden, denn mit meiner Kraft verbindet sich die Hoffnung auf die geistige Offenbarung des Königs. Ich baue die Antahkarana, die Brücke zur Weisheit. Ich empfange und bewahre alle Energien des Königs und wache über die Ordnung in der materiellen und geistigen Welt.

Wer bist du und warum bist du hier?", fragte der Herrscher Ulla-Mae.

Er schaute sie an und unter seinen Brauen flammten seine Augen wie Sonnenstrahlen.

„Mein Name ist Ulla-Mae. Der Tod nahm mir meinen Mann und ich leide sehr. Anatol hat mich zu dir geführt und ich bitte dich, mir zu helfen, das Licht in meinem Leben wiederzusehen."

Chumani sprach mit tiefer väterlicher Stimme:

„Dein lieber Mann, Ulla-Mae, hat seine Begrenzung, seinen Körper verloren und ist nun ein seelisch-geistiger Mensch, ohne Körper, ohne Form. Aber dennoch ist er fähig zu fühlen, zu denken, zu erkennen. Nur jetzt ist es ein Fühlen und ein Erkennen jenseits des Körpers. Du hast dich, wie mir scheint, in der Begrenzung der materiellen Welt verloren und läufst wie der Hamster in seinem Rad, ohne es zu bemerken. Ich kann dir nicht deinen Schmerz nehmen. Den kannst du nur selbst aus eigener Kraft überwinden. Doch ich möchte dich an etwas erinnern: Vergiss nicht im Strudel des Alltags, dein Bedürfnis nach Weite und Grenzenlosigkeit zu stillen. Sicherlich ist dir dieses Bedürfnis noch nicht bewusst. Der Weg der Mitte ist, im Körper zu sein und dennoch innere Weite zu erfahren, welche die Identifizierung mit der materiellen Form überragt. Das Leben schwingt zwischen Geist und Materie, zwischen Weite und Begrenzung. Durch meine Kraft kannst du dein Bewusstsein weit werden lassen und spirituelle Offenbarungen empfangen. In den hochschwingenden abstrakten Welten erfährt sich deine Seele als unbegrenzt und mächtig. In deinem Körper verliert sie ihre Flügel, denn sie unterliegt der Begrenzung. Der Weg durch dein materielles Leben ist notwendig und viele Aufgaben wirst du noch bewältigen müssen, um an ihnen zu wachsen und zu reifen. Hier erfährst du Notwendigkeit, Ernsthaftigkeit, Beschränkung und so manchem Hindernis wirst du auf dem steinigen Lebenspfad begegnen. Doch wenn du dich ebenso auf dein inneres Sein einlässt, dann wirst du das Grenzenlose als das Wesentliche erkennen und lernst aus deiner inneren Fülle heraus zu leben, die Schöpfung zu lieben und das Höhere ehrfurchtsvoll anzuerkennen. Wenn du eines Tages deinen Körper verlieren wirst, was bleibt ihm dann? Er wird der Erde zurückgegeben, kann nichts mit in das kalte Grab nehmen. Die materiellen Werte bleiben zurück und dienen den Erben als Unterstützung und das ist auch gut so. Du solltest deshalb auch nach Werten streben, die den körperlichen Tod überdauern. In deiner Lebenszeit auf Erden bestimmst du selbst, ob du mit deinem Bewusstsein in der Enge des materiellen Lebens verhaftet bleiben willst oder ob du deiner Seele Flügel verleihen und in die Weite des geistigen Lebens eintauchen möchtest. Über die eigene Begrenzung hinauszuwachsen, das kann sich lohnen, Ulla-Mae! Lass dich mit Toleranz von weltanschaulichen Erkenntnissen berühren, integriere abstraktes Wissen und deine Denkkraft wird mächtig. Erhebe dich auf den Schwingen der Freigeistigkeit und setze dich mit der Schöpfungsordnung auseinander und du wirst ein tiefes Verständnis von allem erhalten."

Der Herrscher kam nun majestätisch die Treppe hinunter und übergab Ulla-Mae einen Stein. Er sprach:

„Dieser Beryll ist mein Geschenk für dich. Er öffnet das Tor zur Weisheit. Ich wünsche dir, dass du Erkenntnis höher achtest als Gold, denn Weisheit ist bei den Demütigen. Strebe nach Gutem, suchst du aber das Böse, so wird es dir begegnen. Bedenke, deine Mitmenschen sind wie du, sie wollen glücklich sein, deshalb tue ihnen kein Leid an. Überwinde Gemeinheit, sei gütig und barmherzig. Sei wachsam auf deinem Lebensweg. Widerstehe den Versuchungen, die wie Räuber am Straßenrand lauern, dir schaden und dich vom Weg abhalten wollen. Suche das Wahre, das den Tod überdauert, dann überwindest du die Angst vor dem Tod und den Schmerz. Und erkenne:

Ich bin eine Manifestation des Königs so, wie du eine Manifestation des Königs bist.

Ich, Chumani, manifestiere mich durch meinen Planeten so, wie du dich durch deinen Körper manifestierst und materiell in Erscheinung trittst.

Mein Planet ist der Tempel meiner planetarischen Weltenseele und meines planetarischen Geistes so wie dein Körper der Tempel deiner Seele und deines Geistes ist.

Deine Seele ist verbunden mit der Weltenseele deines

Heimatplaneten Erde und mit der Seele meines Planeten so wie aller anderen. Es gibt keine Trennung, der Geist des Königs ist in allem enthalten."

Kapitel 7

Im Tempel des Silarius

> Klein ist der Mensch, der Vergängliches sucht,
> groß aber, wer das Ewige im Sinn hat.
>
> Antonius von Padua

„Ulla-Mae, lass uns in das Reich des Silarius aufbrechen!"

Die Reise durch das All, des Allumfassenden, ging weiter. Das Gefühl für Zeit war längst verloren und die Weite des Raumes vermittelte einen Hauch Unendlichkeit. Noch immer schien alles für Ulla-Mae so unwirklich, dennoch fand sie inzwischen Gefallen daran, gemeinsam mit Anatol durch das All zu schweben. Ja, nunmehr wollte sie nicht so schnell aus ihrem Traum erwachen, der ihr so viel Faszinierendes schenkte.

Bald tauchten in ihrem Blickfeld die Uranus-Monde Desdemona, Miranda und Titania auf.

„Willst du mit mir zu einem dieser Monde reisen?" fragte Ulla-Mae Anatol.

„Nein", antwortete er, „hab noch ein wenig Geduld, wir haben unser Ziel gleich erreicht."

Dann durchschwebten sie eine ungeheuer dicke Schicht kalter Wasserstoffwolken. Stürme tobten sich in den Wolken aus und es regnete flüssiges Helium. Wie gut, dass es nur eine Traumreise ist, dachte Ulla-Mae wieder einmal.

„Anatol, wohin bringst du mich denn dieses Mal?",
fragte Ulla-Mae entsetzt.

„Vertraue mir, ich habe dich doch bis jetzt immer
überrascht, nicht wahr?", entgegnete Anatol. Ulla-Mae
bejahte kopfnickend. Plötzlich tauchte in den dunklen
Wolken ein riesiges, rotglühendes, schwebendes Auge
auf.

„Anatol sieh nur!", rief Ulla-Mae vor Erstaunen.

„Wir sind im Reich des Herrschers angekommen",
stellte Anatol fest.

Die dicke Wolkenschicht begann, sich zu lichten und
in zarten Nebelschwaden gebettet sahen sie in der Ferne
einen Tempel, erbaut als Goldberyll, dessen Glanz die
dunkelblaue Sternennacht des Alls festlich erleuchtete.

„Wie wunderschön!", sprach Ulla-Mae vor Ent-
zücken. Sie schwebten in dieses Licht hinein und bald
umschwirrten sie exotisch aussehende Schmetterlinge,
Libellen und Vögel. Vor dem Eingang des Tempels
stand eine goldene Figur: Ein alter Mann hielt in seinen
Händen einen Krug. Aus diesem goss er Wasser.

„Schau, Ulla-Mae! Diese Figur symbolisiert den Engelmenschen", sagte Anatol.

„Den Engelmenschen?", fragte Ulla-Mae, „was
meinst du damit?" Anatol erklärte:

„Der Engelmensch symbolisiert den Menschen auf
der Stufe seiner Vollendung."

Über dem Tempeleingang waren zwei Wellenlinien
kunstvoll aus winzigen türkisfarbenen Eilatsteinen ange-
bracht.

„Anatol, sieh nur, wie die Wellenlinien funkeln, was
bedeuten sie?", fragte Ulla-Mae mit einem sichtbaren

Ausdruck des Erstaunens in ihren Augen.

„Die obere Linie symbolisiert das geistige Prinzip, die untere Linie das materielle Prinzip und beide verbinden sich miteinander", erklärte Anatol.

Voller Ehrfurcht betraten sie nun den Tempel, der in seinem Inneren in sanften aquamarinblauen, flammenden Farbenspielen magisch erstrahlte. Ulla-Mae fühlte sich so unendlich leicht und frei und ein freudiges Frohlocken entwich ihrem Herzen. Der Boden bestand aus blauen Korallen und es schien Ulla-Mae, als wollten sie ihr zurufen:

„Stelle dich nicht länger gegen das Leben, kehre um in das wahre Leben!"

Es war so kalt, dass ihr Atem in der Luft gefror, dennoch offenbarte sich ihnen eine Märchenwelt aus Licht und Eis. Eine bezaubernde Eiswelt, wie im Reich der Schneekönigin, ließ sie erstaunen. Eisblumen, frostig und schön in filigranen Formen, zierten die großen Fenster des Tempels. Ein Kronleuchter aus spitzen Eiszapfen spiegelte mystisch und festlich das Aquamarinblau der Wände. Eine silberne Brücke führte über eine Wasserlandschaft zu einem Thron aus himmelblauem Lazulith, verziert mit Millionen Eiskristallen. Diese Magie beeindruckte Ulla-Mae zutiefst. Welche Schönheit und Klarheit sich hier spiegelt, sprach sie zu sich selbst.

Plötzlich ertönten im Tempel des Lichts und des Eises himmlische Klänge und kündigten das Kommen des Herrschers an. Ulla-Mae hielt wieder einmal ihren Atem an und rührte sich nicht von der Stelle. Ihre Anspannung war enorm, sie stand wie gebannt da, um die Stimme des Königs zu hören, die aus dem Herrscher sprechen würde. So hatte es ihr Anatol verheißen. Der Herrscher materialisierte sich, nahm Form und Gestalt an, damit Ulla-Mae ihn erkennen konnte. Aus seinem liebevollen, schönen Antlitz leuchteten blaue Augen, wie Sterne so klar. Er trug ein eisblaues glitzerndes Gewand, das mit einem blaugrünen Chrysopal geschmückt war. In seiner rechten Hand hielt er einen gläsernen Krug, aus dem sich kristallklares Wasser ergoss. Dann sprach der Herrscher mit schallender Stimme, die an den Klang einer Posaune erinnerte:

„Ich bin Silarius und herrsche über das Prinzip Aqarius. Mein Planet ist Uranus.

Ich bin der, der sagt: Wasser des Lebens bin ich, ausgegossen für dürstende Menschen.

Mit meiner Kraft erwecke ich das intuitive Erkennen, das geistige Verstehen und führe zur höchsten Erleuchtung, die es für den Menschen in seinem Sonnensystem gibt, denn ich erwirke die Einweihung, die den Menschen das Wissen des Geistes bringt. Ich bin das himmlische Wasser, das Wasser des Lebens und des Geistes und schenke spirituelle Erkenntnisse und klare Offenbarungen."

Der Herrscher fragte: „Wer bist du und warum bist du in meinem Reich?"

„Mein Name ist Ulla-Mae und ich habe meinen Mann verloren. Die Dunkelheit hat sich über mein Leben gelegt und ich suche das Tor, das mich wieder hinausführt in die Helligkeit des Sonnenlichts. Kannst du mir helfen, ehrwürdiger Herrscher?"

„Ja, Ulla-Mae. Gern bin ich bereit, das Wasser des Lebens aus meinem Krug für dich zu ergießen. Weisheit ist so rein wie ein Eiskristall und führt dich zur Wahrheit. In den heiligen Schriften steht geschrieben, dass aus dem Schoß des Königs Ströme lebendigen Wassers fließen. Der König zwingt dir nicht seine Weisheit auf, du allein entscheidest mit deinem freien Willen, ob du der Weisheit lauschen und das universelle Wissen empfangen möchtest. Du hast mich darum gebeten, darum werde ich dir geben." Und der Herrscher sprach weiter:

„Auch ich berühre dein Leben zuweilen mit aller Heftigkeit und reiße dich plötzlich und unerwartet aus festen Lebensstrukturen.

Ich bin der Befreier, der Erwecker und der Erleuchter. Das ist vielleicht nicht einfach zu verstehen. Doch wenn ich meine Kraft aus deinem Leben zurückziehe, ist nichts mehr so, wie es am Anfang war. Altes schaffe ich radikal fort und revolutioniere deinen Lebensweg, damit dieser sich wieder im Einklang mit der Absicht des Königs gestalten kann. Mit meiner Kraft durchbreche ich erstarrte Strukturen, damit in deinem Leben Neues erblühen kann. Wenn ich in Erscheinung trete, berühre ich auch sehr stark deinen Freiheitswillen, der nach einem neuen Ausdruck verlangt. So bedränge ich dich mit all meiner Macht und Kraft, neue Wege des Lebens zu suchen. Ja, du stehst mit dem Rücken zur Wand. Doch du brauchst manchmal meinen Druck, der dich den Freiraum suchen lässt, um weiter geistig-seelisch wachsen zu können. Das ist nicht leicht und das weiß ich nur allzu gut. Oft wirst du mich als einen Zerstörer wahrnehmen, der dir von einem Tag auf den anderen alles nimmt. Doch wenn du der Reform in deinem Leben Widerstand entgegensetzt, muss ich meine

Macht ausspielen und dich in die Knie zwingen. Sicherlich spürst du die Spannung, die dich drängt, den Lebensweg zu korrigieren, damit du deine Individualität neu ausdrücken kannst. Die Ketten der Lebensstrukturen, die dich binden, sind oftmals sehr stark und du findest nicht die Kraft, sie zu sprengen. Ich helfe dir mit meiner befreienden Energie. Geistig-seelisches Wachstum erfordert mitunter eine radikale Veränderung der Lebensstrukturen, der Lebensweise und der Art des Selbstausdrucks. Du solltest es lernen, die notwendigen Veränderungen zu akzeptieren und auf das vertrauensvoll warten, was sich neu in deinem Leben verwirklichen will. Letztendlich berühren radikale Erneuerungen auch die Bewusstseinsebene, heben dich Stufe um Stufe hinauf in die himmlischen Gefilde der Intuition, die dich im Streben nach geistigem Erkennen und Freiheit das Wesen aller Dinge kristallklar erschauen lässt.

Das Streben nach Freiheit befreit dich von den starken Banden der Materie, durchbricht Grenzen und trägt dich hinein in eine Zukunft neuer Bewusstseinsimpulse, die von einer universellen Humanität befruchtet sind.

Das Verlangen nach wahrer Demokratie, Gleichheit, Freiheit, Brüderlichkeit und geistiger Unabhängigkeit erweckt in dir die Freude deines Götterfunkens, der nun die Worte Schillers jauchzt: Seid umschlungen, Millionen, diesen Kuss der ganzen Welt. In diesem universellen Bewusstsein wirst du zu einem machtvollen Träger der Geheimnisse der Weisheit. Doch deine Wissensmacht darf nicht dem Selbstzweck dienen. Erst wenn Erkenntnisse und Fähigkeiten zum Wohle aller angewandt werden, wird man zu einem Theurgen, einem wahren Wohltäter der Menschheit, denn erst die Menschheit ist der ganze Mensch, sagte Goethe."

„Ich erbitte deinen weisen Rat, ehrwürdiger Silarius", sagte Ulla-Mae.

Der Herrscher sprach einfühlsam zu ihr:

„Höre auf mit Klagen und versöhne dich mit deinem Schicksal. Wenn du deine Fähigkeit, im Ozean des Lebens zu schwimmen, verloren hast, dann baue auf Glaube, Liebe und Hoffnung. Glück und Leid, was immer dir begegnet, geh einfach weiter! Suche dir Freunde, die die Wahrheit lieben und den König suchen. Verweile nicht bei denen, die weder lau noch kalt sind. Ein Magnetismus ausstrahlender Mensch ist in seinem Auftreten überzeugend und selbstbewusst. Er ist aufrichtig mit sich selbst und anderen. Stille deinen Durst nach dem Wasser des Lebens und finde deinen geistigen Weg! Dein alltägliches Leben wird dein Lehrmeister sein und dich auf deinem Pfad hin und wieder prüfen. Die größten Prüfungen werden dir jedoch in deiner Familie und in deiner näheren Umgebung begegnen. Halte zu deinem Weg, der dich die Stufen zu einem höheren Bewusstsein erklimmen lässt, aber missioniere nicht die anderen, sei tolerant! Übe dich in Selbstbeherrschung und achte auf freundliche, aber bestimmende Worte. Geh mit gutem Beispiel voran und lass deiner geistigen Gesinnung Taten folgen. Dann bist du glaubwürdig für deine Mitmenschen und deine innere Veränderung wird so manchen erstaunen und sich nach deinem Weg erkundigen lassen. Hier, reiche deine Hand. Erkenne:

Ich bin eine Manifestation des Königs so, wie du eine Manifestation des Königs bist.

Ich, Silarius, manifestiere mich durch meinen Planeten so, wie du dich durch deinen Körper manifestierst und materiell in Erscheinung trittst.

Mein Planet ist der Tempel meiner planetarischen Weltenseele und meines planetarischen Geistes so, wie dein Körper der Tempel deiner Seele und deines Geistes ist.

Deine Seele ist verbunden mit der Weltenseele deines Heimatplaneten Erde und mit der Seele meines Planeten so wie aller anderen. Es gibt keine Trennung, der Geist des Königs ist in allem enthalten."

Kapitel 8

Beim Herrscher des roten Planeten

Die Anfänge stehen in unserer Macht.
Über den Ausgang urteilt das Schicksal.

Seneca

„Lass uns aufbrechen!", sagte Anatol, „unsere Reise ist noch nicht zu Ende. Ich möchte dir die spektakulärsten Landschaften in unserem Sonnensystem zeigen. Komm! Folge mir, Ulla-Mae!"

Anatol hatte nicht verraten, welchen Herrscher sie als nächsten besuchen würden und so war Ulla-Mae ganz gespannt, wohin sie nun schweben würden. Nach kurzer kosmischer Zeit näherten sie sich einem blutroten Planeten. Rötliche Vulkansteinflächen, schotterübersäte Hochplateaus, Tausende Krater und Vulkane prägten das Landschaftsbild. Heftige Sandstürme jagten über den Planeten hinweg und wirbelten den rötlichen Sand hinauf zum Himmel. Dieser war rosafarben und wunderschön anzusehen.

„Siehst du unter dir den gewaltigen Canyon?", fragte Anatol.

„Ja, ich sehe ihn", antwortete Ulla-Mae mit Begeisterung.

„Das ist der Valles Marineris", erklärte Anatol.

„Schau, Anatol, welch hoher Berg sich am Horizont erhebt!", rief Ulla-Mae mit sichtlichem Erstaunen.

„Das ist der Olympos Mons, ein erloschener Vulkan mit einer Höhe von 27.000 Metern", antwortete Anatol.

Und unter einem Himmel, der wie rosafarbener Marmor aussah, schwebten sie weiter. Unter ihnen öffneten riesige Krater ihre Schlunde und Anatol zeigte Ulla-Mae den größten Krater des roten Planeten, den Hellas Planitia. Ulla-Mae war von dieser Landschaft, die sich in grandiosen Rottönen präsentierte, zutiefst beeindruckt.

„Folge mir, Ulla-Mae! Wir schweben nun hinunter in ein Tal", sagte Anatol. Schon von Weitem erblickten sie eine Jurte, die von dem Licht des rosafarbenen Himmels magisch beleuchtet wurde. In den Weiten des Tales loderten Tausende Feuer und im Schein der Flammen wurde der Vulkan Arsia Mons sichtbar. Fackeln erleuchteten den Weg zur Jurte, die aus kostbaren Leinenstoffen gefertigt war.

„Lass uns hier auf den Herrscher warten", sprach Anatol. Plötzlich rief er:

„Schau gen Himmel, Ulla-Mae, der Herrscher naht."

Ulla-Mae traute ihren Sinnen nicht. Der Herrscher kam in purpurroter Kampfesrüstung auf einem Pfau reitend daher. In der linken Hand hielt er einen Bogen und auf dem Rücken trug er einen Köcher mit Pfeilen.

„Warum reitet er auf einem Pfau?", wollte sie nun wissen.

„Der Pfau", sprach Anatol, „symbolisiert die Überwindung von Stolz, Selbstsucht und Eitelkeit."

Der Herrscher betrat als erster die Jurte. Ulla-Mae und Anatol folgten ihm ehrfürchtig. In der Mitte der Jurte befand sich ein offenes Feuer und die lodernden Flammen umschmeichelten die vielen bunten Sitzkissen mit ihrem goldroten warmen Licht. Auf der östlichen Seite stand der Herrscher und war bereit, sie zu empfangen. Zu seinen Füßen schlängelte sich eine Kobra.

„Was hat es mit der Kobra auf sich?", fragte Ulla-Mae leise flüsternd.

Und ebenso leise antwortete Anatol:

„Die Kobra symbolisiert Furchtlosigkeit, Weisheit und Unsterblichkeit."

In seiner rechten Hand hielt der Herrscher einen aus den Strahlen der Sonne gefertigten Speer.

„Siehst du den seltsamen Speer in seiner Hand, Anatol?"

„Ja, natürlich sehe ich ihn, er symbolisiert das geistige Licht, das die Unwissenheit besiegt", flüsterte Anatol ihr zu.

Das markante Gesicht des Herrschers drückte eine enorme Duchsetzungskraft aus.

„Was bedeutet die Blütenknospe auf seiner Stirn?", fragte Ulla-Mae aufgeregt.

Anatol antwortete:

„Er trägt das Zeichen des Neubeginns auf seiner Stirn, eine sich öffnende Blütenknospe, deren äußere Hülle durch eine innere treibende Kraft gesprengt wird."

Der Herrscher setzte sich auf ein mit roten Jaspissteinen verziertes blutrotes Kissen und sprach:

„Ich bin Naramis und bin der, der sagt:

Ich trete hervor und herrsche von der Ebene des Denkens. Mein Planet ist der Mars und ich herrsche über das Prinzip Aries.

Ich bin wie das Blut des Baumes, der mit seinen Wurzeln die heilige Lebenskraft der Mutter Erde empfängt. Den Menschen verleihe ich Mut, Stärke und Durchsetzungskraft. Ich bin der Krieger, der für die Erlösung kämpft und berühre mit den Flammen meiner Fackel die Lippen der Menschen und lasse sie ihre Schuld sühnen. Ich bringe Zerstörung, aber auch das kosmische reinigende Feuer.

Ich bin eine Manifestation des Königs so, wie du eine Manifestation des Königs bist.

Ich, Naramis, manifestiere mich durch meinen Planeten Mars so, wie du dich durch deinen Körper manifestierst und materiell in Erscheinung trittst.

Mein Planet ist der Tempel meiner planetarischen Weltenseele und meines planetarischen Geistes so, wie dein Körper der Tempel deiner Seele und deines Geistes ist.

Deine Seele ist verbunden mit der Seele deines Heimatplaneten Erde und mit der Seele meines Planeten so wie aller anderen. Es gibt keine Trennung, der Geist des Königs ist in allem enthalten.

Wer bist du und warum bist du hier?", fragte der Herrscher mit ernster Mimik und tiefer Stimme.

Ulla-Mae war dieser Herrscher nicht geheuer. Er erinnerte sie an Magalis und es gruselte sie sehr. Hier fühlte sie sich keinesfalls sicher und mit ängstlicher Stimme antwortete sie ihm nur kurz:

„Ich heiße Ulla-Mae und der Tod meines Mannes hat mich hierher geführt. Mein Leid ist groß und ich möchte es überwinden. Kannst du mir helfen, ehrwürdiger Naramis?"

Der Herrscher sprach:

„Mit deiner Geburt auf deinem Heimatplaneten bist du unter die Bedingungen von Zeit und Raum gestellt und dem Gesetz des Schicksals unterworfen. Nur der König ist frei und der Lichtkranz des Erleuchteten, die Krone der Spiritualität, ist ein Ausdruck dieser Freiheit. Dein Schicksalskreuz trägst du in dir und ich kann dir mit meiner Macht deine Kraft erwecken, schwierige Situationen durchzustehen und zu meistern. Prüfungen des Lebens wollen an ein Besinnen auf die eigenen Kraftquellen erinnern. Dank der Widerstände, die dir in deinem Inneren und in deinem Außen begegnen, machst du Fortschritte in deinem geistig-seelischen Wachstum."

Der Herrscher kam auf Ulla-Mae zu und schenkte ihr einen orangeroten Karneol und sagte zu ihr:

„Dieser Stein ist mein Geschenk für dich und soll dich auf deinem Lebensweg begleiten und dir deine Stärke und deinen Mut offenbaren. Mit deiner dir innewohnenden Kraft kannst du jede Aufgabe lösen und für deine Überzeugungen eintreten. Doch um richtig handeln zu können, musst du dich zunächst selbst sehr gut kennen. Bedenke: Unerschrockenheit, Leidenschaft und selbst der Mut müssen diszipliniert werden, wenn du wahrhaft erfolgreich sein willst. Überwinde deine zerstörerischen Kräfte, vermeide Gewalt, Angriffslust und vergiss nie, dass Hass niemals zu einem liebevollen Verstehen führt.

Lass Schwächere an deiner Kraft teilhaben und beschütze sie. Berücksichtige bei deinen Handlungen auch die Interessen und seelischen Bedürfnisse deiner Mitmenschen. Geh nicht mit dem Kopf durch die Wand!

Wenn du meinst, dich durchsetzen zu müssen, dann sei auch rücksichtsvoll anderen gegenüber. Aber bedenke: Nimmst du zu deinem Nachteil übermäßig Rücksicht auf andere, läufst du Gefahr, dich selbst zu schwächen und erweist ihnen keinen guten Dienst, denn du nimmst ihnen die Lernaufgabe, ihre eigene Duchsetzungskraft zu entwickeln. Strebe stets nach Ausgewogenheit, nach der gesunden Mitte. Sei wachsam im Umgang mit deiner Kraft und integriere Anpassungs-und Kompromissbereitschaft. Bemühe dich um Harmonie und Vertrauen in deinen Beziehungen. Verweile nicht zu lang bei den Unannehmlichkeiten. Verbinde dich bei wichtigen Vorhaben mit dem König, denn er will durch dich wirken. Bemühe dich, mit ihm in Einklang zu sein und dich seiner Absicht nicht entgegenzustellen. Auch wenn du den Willen des Königs nicht kennen kannst, vertraue deiner Intuition und deiner inneren Stimme und habe den Wunsch, ihn erfüllen zu wollen."

Kapitel 9

Im Garten der schönen Ferewoini

> Liebt die ganze Schöpfung – jedes Blatt und jeden Sonnenstrahl.
> Wenn ihr das tut, werden sie euch die Geheimnisse des Göttlichen offenbaren.
>
> Fjodor M. Dostojewski

Ulla-Mae und Anatol setzten ihre Reise durch das Sonnensystem fort. Sie näherten sich einem zitronengelbfarbenen Planeten, der auf eine fantastische Weise mit seinem Licht die dunkle Nacht des Alls erhellte.

„Schau nur, die Venus!", rief Anatol Ulla-Mae zu. Wunderschön war dieser Planet von Weitem anzusehen, doch als die beiden sich ihm näherten, gerieten sie in einen Sturm aus Kohlendioxid und es regnete Schwefelsäure. Der Geruch war fürchterlich. Düsteres Lavagestein bedeckte weite Flächen des Planeten. Tausende Vulkane spuckten Lavaströme aus, die mit ihrem höllischen Glühen ein Schauspiel des Schreckens boten.

„Willst du mich etwa diesem heißen Inferno aussetzen?", fragte Ulla-Mae aufgeregt. „Hier bleibe ich keine kosmische Sekunde länger", legte sie fest.

„Beruhige dich!", sprach Anatol, „natürlich werden wir hier nicht verweilen, ich bringe dich an einen Ort, der dir gefallen wird. Lass uns hinauf zum orangefarbenen Himmel schweben. Dort hat die Herrscherin ihre Wohnstätte."

Die Worte Anatols beruhigten Ulla-Mae und nun folgte sie Anatol gern, denn sie war sehr gespannt auf die verheißungsvolle Herrscherin. Sie schwebten durch die Wolken und plötzlich vernahmen sie in den Wolkenbändern einen grünlichen Schimmer.

„Wir sind unserem Ziel ganz nah", rief Anatol ihr zu. „Die Herrscherin wird dich am Morgen und am Abend empfangen, denn sie herrscht über zwei Prinzipien."

Als sie sich dem grünlichen Lichtschimmer näherten, entdeckten sie eine Gartenlandschaft aus Licht und Farben. Eine überquellende Fülle an Rafflesien, Flamingoblumen und Orchideen duftete betörend lieblich. Frangipani mit ihrer anmutenden Blütenpracht lenkten die Blicke auf sich. Das goldene Morgenlicht webte einen sanften Schleier über das bezaubernde Meer von Blüten und der Tau glitzerte wie brilliantene Tröpfchen an den Gräsern und Moosen. Blaue Paradiesvögel, gelbe Kanarien und rotköpfige Papageienamadine umschwirrten den exotischen Garten. Inmitten des Gartenparadieses befand sich ein schneeweißer Pavillon. Rote Rosen rankten sich an ihm hinauf. Oliven- und Zitronenbäume wuchsen entlang der Wege. Palmenhaine schmiegten sich sanft an rötlich schimmernden Felsen. Seen leuchteten tiefblau in der sattgrünen Ebene.

„Lass uns nun zur Herrscherin gehen!", schlug Anatol vor.

Sie gingen einen Pfad entlang, der hinauf zum Hügel führte, denn auf ihm war der Pavillon platziert. Die Herrscherin umgab der exotisch süße Duft einer Tiare'. Betörende und verführerisch prickelnde Fruchtbarkeit ausstrahlend, saß sie in majestätischer Würde auf ihrem

Thron aus Olivingestein, der mit zartgelben, aus Blütenstaub gewebten Kissen belegt war.

„Wie schön die Herrscherin doch ist, ihr Antlitz spiegelt Vollkommenheit", sagte Ulla-Mae leise zu Anatol. Aus ihren himmelblauen Augen strahlte eine bemerkenswerte Lieblichkeit. Ihr goldenes Haar war zu einem Zopf geflochten. Ihr Haupt zierte eine silberne Mondsichel, die nach oben geöffnet war. Die Herrscherin trug eine hauchzarte zitronengelbe Galabyah, die überaus reichlich mit funkelnden Zitrinen bestickt war und ihre Nacktheit vage zum Ausdruck brachte. Eine Dupatta war kunstvoll vor ihrem Brustbereich drappiert. Die Herrscherin sprach:

„Ich bin Ferewoini und herrsche am Morgen über das Prinzip Taurus und bin die, die sagt: Ich sehe, und wenn das Auge geöffnet ist, ist alles erleuchtet.

Mein Planet ist die Venus. Ich verheiße den Sieg, denn der Plan des Königs ist stets erfolgreich. Im Menschen erwecke ich das große Verlangen und lasse sie mit allen Sinnen das Leben spüren und eine Lebendigkeit erfahren, die sie in die polare Spannung von Lust und Schmerz bringt. Diese Lebendigkeit gleicht einer Rose, deren Schönheit sinnlich erfasst und durch ihre Dornen gleichsam schmerzvoll erfahren werden kann. Ich lasse die Menschen den Schmerz der besitzergreifenden Liebe und der machtvollen Sinnlichkeit kosten, bis sie eines Tages in sich das brennende Verlangen nach Erleuchtung verspüren und ihr höchstes Ziel erkennen.

Wer bist du und warum bist du in mein Reich gekommen?", fragte sie nun Ulla-Mae.

„Man nennt mich Ulla-Mae. Der Tod nahm mir meinen Mann und ich habe die Freude am Leben verloren. Kannst du mir helfen, sie wiederzufinden?", antwortete sie. Ferewoini sagte zu ihr:

„Der Verlust eines geliebten Menschen ist unsagbar schmerzvoll. Der alte König will nicht, dass du in deinem Schmerz ertrinkst. Mit der Schönheit seiner Schöpfung möchte er dich erfreuen und zurück in das Leben führen. Mit dem Gesang der Vögel und dem Rauschen eines Bächleins möchte er dich betören, mit dem lieblich süßen Duft der Blumen dich verzücken. Der alte König lädt dich jeden Tag neu ein, mit allen Sinnen seine Schöpfung zu genießen, denn wenn deine Augen geöffnet sind, dann ist alles erleuchtet, weil du erkennst, dass alle Geschöpfe in der Schöpfung heilig sind, denn in ihnen wirkt der König. Es gibt keine Ausnahme. Diese Schöpfung ist zweifellos das Werk einer Intelligenz, die weit mächtiger ist als der Mensch. Werde geistlich arm, Ulla-Mae, dann wirst du selig."

„Kannst du mir bitte erklären, was du damit meinst?", bat Ulla-Mae die Herrscherin. Ferewoini antwortete:

„Hass, Verblendung und Gier vergiften den Menschen. Aus Leidenschaft und aus dem verzehrenden Feuer der Gier entstehen Schmerz und Leid. Nicht selten sind Gier und nicht beherrschbare Lust und Triebhaftigkeit der Nährboden für das Aufbrechen der dunklen Natur im Menschen, die ihn foltern, quälen, missbrauchen, morden, tyrannisieren und betrügen lässt. Fernab jeglicher Liebe und ohne Gewissen wird er zum Dämon und quält Mensch und Tier.

Geistlich arm zu werden bedeutet, die Gier zu überwinden. Es bedeutet nicht, ohne Besitz zu sein, sondern zu haben, ohne besessen zu sein. Strebe nicht nach Reichtum, bedenke, er könnte eines Tages Flügel bekommen und einfach davonfliegen.

Bist du frei von Begierde und Anhaftung, dann bist du geistlich arm. Du bist es ebenso, wenn du Stolz und Hochmut überwunden hast. Suchst du allein in den Sinnen und in deiner Lust das Glück, wirst du beim nächsten Lebenssturm entwurzelt wie ein schwacher Baum, der in der Dunkelheit steht und nicht das Licht des Lebens trinken kann. Achte auf deine Wünsche, deine Wunschnatur gehört zum Leben und ist notwendig, doch halte die Macht der Begierde in Schach. Begierde fesselt dich und du wirst zu einer Getriebenen, die den Blick für das Wesentliche im Leben verliert. Genieße niemals dein Leben auf Kosten anderer.

Geistlich arme Menschen haben erkannt, dass die Welt der Sinne vergänglich ist. Sie haben ihr Gemüt erhoben und erfahren die innere Gewissheit der Präsenz des Königs und vertrauen seiner Kraft, die sich ihnen umso lebendiger offenbart, je mehr sie die Herrschaft der Sinnlichkeit und Lust besiegen. Diese Bejahung der Kraft des Königs lässt sie Heilung erfahren.

Es gibt Vergnügen und es gibt Seligkeit. Du allein entscheidest, wohin du gelangen willst. Ich wünsche dir, dass du mit dem Feuer der Begeisterung die Schönheit der Schöpfung mit allen Sinnen und in tiefer Freude erlebst und dich nicht nur auf das materielle Leben besinnst, sondern ebenso dem spirituellen Leben Einkehr gewährst, welches dir so viele lichtvolle Momente schenken will und dich in einer Liebe unterweisen will, die niemals Leid bringt."

Kapitel 10

Magie der Abendstimmung

Die Abenddämmerung nahte. Der hölzerne Duft weißer Zedern schwängerte die Luft, die Ulla-Mae wie eine sanfte Brise schmeichelnd berührte. Tauben ließen sich auf dem Pavillon nieder und gurrten munter vor sich hin. Rehe kamen aus dem Hain. Ihre dunklen, braunen, großen Augen funkelten wie Vesuviane. Zwei weiße Schwäne setzten sich neben den Thron. Als die Herrscherin nahte, wurde es ganz still. Schmetterlinge umflatterten ihr Haupt.

Ferewoini trug einen indigoblauen Sari. Eine silberne Schärpe drappierte ein aprikotfarbener Morganit. Bezaubernd schön war die Herrscherin anzusehen. Ulla-Mae konnte sich an ihrem Anblick nicht sattsehen. Die Schönheit Ferewoinis beeindruckte sie sehr. Die Herrscherin nahm auf ihrem Thron Platz. Ulla-Mae und Anatol saßen zu ihren lieblichen Füßen, um den weisen Worten zu lauschen. Ferewoini sprach:

„Am Abend herrsche ich über das Prinzip Libra. Dann bin ich die, die sagt: Ich wähle den Weg, der zwischen den beiden großen Kraftlinien dahinführt. Ich bin die aus dem Schaum des Meeres Geborene und helfe den Menschen, Trägheit und Unentschlossenheit zu überwinden und das Bedürfnis nach Liebe, Schönheit und Harmonie zu entwickeln. Ich bin die Quelle der Inspiration und bringe die Menschen in Verbindung mit ihrer Schöpferkraft und sensibilisiere sie für die Strömungen aus den geistigen Welten.

Ich bin die, die die Menschen nach ihrem Fall in die niedere Liebe zurück in die höhere Liebe führt und verbinde die großen Kraftlinien, in dem ich das Licht der Menschen mit dem Licht des Königs verbinde.

Ich bin ein Ausdruck der kosmischen Waage über das Licht und die Dunkelheit, über die materiellen und spirituellen Güter. Ich bin die Hüterin, die über den Ausgleich der Kräfte des Lebens und des Todes wacht, denn die Schöpfung ist ein ständiges Werden, sie strebt nach Harmonie, ohne diese absolut zu erreichen. Vollkommenes Gleichgewicht erzeugt Stillstand. Schicksalhafte Ereignisse führen in deinem Leben, liebe Ulla-Mae, zu einem Ungleichgewicht, das dich nach Gleichgewicht suchen lässt.

Strebst du nach dem Erhabenen und Schönen, darfst du nicht das Dunkle in dir leugnen. Willst du wahre Liebe verkünden, solltest du selbst nicht im Netz der Eifersucht gefangen sein. Willst du einem höheren Ideal dienen, dann prüfe dein Motiv, das nicht von Eitelkeit durchdrungen sein sollte.

Wenn du dich bewusst mit deinem freien Willen entscheidest, Böses zu tun, belastest du dich damit schwer. Das wahre Böse im Menschen ist der Mangel an Liebe, Güte, Nachsicht und Barmherzigkeit. Sei stets stärker als die Versuchung, die dich wie eine Spinne in ihr Netz ziehen und dich vertilgen will. Hast du Macht über die Versuchung, gewinnst du gleichsam an Kraft. Lerne, mit den Kräften des Lichts und der Dunkelheit weise umzugehen. Die Quelle der menschlichen Liebe ist die Liebe des alten Königs. Selbstsucht, Eifersucht und Triebhaftigkeit können die zarte Flamme der menschlichen Liebe erlöschen. Selbstlosigkeit, gegenseitige Hilfe, Verständnis und Nachsicht sind die Grundlagen dafür, dass die menschliche Liebe zu einer lodernden Flamme wird, die nun mit ihrem geheiligten Feuer alles wärmt. Diese Liebe ist von Dauer. Veredele deinen Charakter, Ulla-Mae! Innere Schönheit ist dein wahres Gut. Die äußere Schönheit vergeht mit dem Älterwerden des Körpers, die innere Schönheit vergeht nicht und wird zu einer starken magnetischen Kraft.

Der Prophet Jesaja sagte einmal, dass die Seele wie ein wasserreicher Garten sein soll, einer unerschöpflichen Quelle gleich. Stelle jeden Tag innere Harmonie her und kläre, was dich in den Zustand der Disharmonie geführt hat. Akzeptiere das Leiden als Teil deines Lebens, aber leide nicht um des Leidens willen. Denke an das Hoffnungsvolle und Schöne und gib dich diesem mit wunderbaren Gefühlen hin. Oft beklagen sich die Menschen über das, was sie nicht haben und vergessen, was sie schon alles bekommen haben. Überlasse dich der Fülle des Lebens, Ulla-Mae! Lass das Leben durch dich fließen. Sei ein bewusster Teil des Lebensflusses. Zufriedenheit stellt sich nur dann ein, wenn du dein Leben in Bescheidenheit akzeptierst. Erwecke deine Liebe zum alten König. Sie sollte an erster Stelle stehen, denn sie harmonisiert dein Leben. Schaffe dir deine Oase der Stille, damit du dir der Gaben des Lebens bewusst werden und dankbar sein kannst. Koste die Fülle der Gegenwart und bringe dein materielles Leben in Übereinstimmung mit deinem spirituellen Leben. Sei zufrieden mit dem Schicksal, bedenke: Aus einer höheren geistigen Sicht ist es gerecht, so schwer es auch für dich sein mag. Sei hingegen unzufrieden mit dir selbst und lass dein geistig-seelisches Wachstum nicht aus deinen Augen."

Die Herrscherin beugte sich zu Ulla-Mae hinunter und schenkte ihr einen funkelnden Rubin und sprach:

„Möge dieser Stein dich lehren, dass die Liebe über allem steht. Sie ist es, die zu den Menschen und zum König führt. Übergib dich dem Wachstum deiner Liebe. Glaube mir, wenn du alles tust, um in der wahren Liebe zu wachsen, wird der alte König das Seine tun. Begreife, Ulla-Mae:

Ich bin eine Manifestation des Königs so, wie du eine Manifestation des Königs bist. Ich, Ferewoini, manifestiere mich durch meinen Planeten so, wie du dich durch deinen Körper manifestierst und materiell in Erscheinung trittst. Mein Planet ist der Tempel meiner planetarischen Weltenseele und meines planetarischen Geistes so, wie dein Körper der Tempel deiner Seele und deines Geistes ist. Deine Seele ist verbunden mit der Weltenseele deines Heimatplaneten Erde und mit der Seele meines Planeten so wie aller anderen. Es gibt keine Trennung, der Geist des Königs ist in allem enthalten."

Kapitel 11

Die Reise zum Herrscher des Lichts

Die Kraft der Gedanken ist unsichtbar wie der Same,
aus dem ein riesiger Baum erwächst,
sie ist aber der Ursprung für die sichtbaren Veränderungen im Leben des Menschen.

Leo Tolstoi

„Es ist Zeit aufzubrechen", sagte Anatol, „denn ich will deine Neugier erwecken, dich auf die Vielfalt des Lebens einstimmen und dich in der Kraft deiner Gedanken unterweisen. Das Denken, Ulla-Mae, ist eine machtvolle Wirklichkeit, denn du bist immer nur das, was du denkst. Was du jetzt bist, ist eine Widerspiegelung dessen, was du in der Vergangenheit warst. Deine vorherrschenden Gedanken ziehen dich in eine bestimmte Richtung deines Lebens. Der Schlüssel zu deiner Wandlung liegt in deinen Gedanken. Stehe mit der Macht deiner Gedanken über dem Tod, denn dieser betrifft den Körper, der seine Aufgabe erfüllt hat. Haftest du mit deinem Bewusstsein ausschließlich an der Form, bist du verloren, denn ihre Auflösung ist gewiss. Erkenne, dass sowohl du, dein Mann und alle Menschen zyklisch in der körperlichen Form wirken, weil der evolutionäre Pfad es verlangt.

Lass uns nun durch die Sternenwelten des Königs Schöpfung weiterschweben.

Sie näherten sich einem weiteren Planeten und schwebten durch einen schwarzen Himmel. Kein Lüftchen wehte, kein Laut war zu hören, vielmehr war es glühend heiß.

„Das ist Merkur, mein Planet!", rief Anatol Ulla-Mae zu. „Ich herrsche über die Prinzipien Gemini und Virgo."

„Anatol, sieh doch nur, wie groß die Sonne hier zu sehen ist!", stellte Ulla-Mae mit Erstaunen fest. Sie schwebten zu einer kleinen Oase inmitten des sonnenverbrannten Planeten. Ein Hain aus Dattelpalmen beherbergte in seiner Mitte eine sprudelnde Quelle glasklaren Wassers. Von diesem Platz aus hatten beide einen grandiosen Blick auf die riesige Sonne, die den Horizont ausfüllte.

„Warum hast du mich hierher gebracht?", wollte Ulla-Mae wissen.

„Der Herrscher der Sonne erwartet dich", antwortete Anatol.

Kaum waren die Worte gesprochen, zeigte sich im Zentrum der Sonne der Herrscher. Er trug ein goldenes Gewand und war eine Erscheinung von strahlender Schönheit. Sein Haar war weiß wie Schnee und seine Augen glühten wie Flammen. Auf dem Haupt trug er eine Krone, über der ein Adler schwebte. In seiner rechten Hand leuchteten sieben Sterne. Er saß auf einem Thron, der von einem Regenbogen umspannt war. Seine Stimme glich dem Rauschen des Meeres und sein Blick drang in die Tiefen des Alls. Er sprach:

„Ich, Manani, Herrscher der Sonne, bin eine Reflektion des Ältesten aller Tage, dem Feuer des Lebens.

Ich herrsche über das Prinzip Leo und bin der, der sagt: Ich bin Das, und Das bin ich.

Ich bin die Mitte, das Zentrum, denn um mich kreisen alle Planeten.

Ich bin der, der die Energieströme der sieben Planeten vereint, bin das kosmische Herz unseres Tierkreises, die alles heilende spirituelle Liebe, geboren aus dem heiligen Feuer. Ich bin die Wärme, die Herzlichkeit, die Schönheit und Herrlichkeit, bin der Herrscher des Lichts und der Wahrheit. Ich transformiere das Licht des Königs sowohl nach oben als auch nach unten, bin der Kanal, durch den unser Sonnensystem mit anderen kosmischen Welten verbunden ist. Ich bin der Verwalter der schöpferischen Lebenskraft, die das Streben nach Selbstbewusstsein und Selbstverwirklichung des Menschen bewirkt. Ich bin die höchste spirituelle Stufe, die die Menschen erreichen können."

Und dann richtete er seine flammenden Augen auf Ulla-Mae und fragte sie:

„Wer bist du und warum bist du hier?" Sie antwortete ihm:

„Mein Name ist Ulla-Mae und ich bin über den Tod meines Mannes sehr verzweifelt. Ich habe die Freude am Leben verloren. Kannst du mir helfen, sie wiederzufinden?"

Manani sprach:

„Dein Schicksal musste sich erfüllen. Du kannst das, was geschehen ist, nicht rückgängig machen, doch wie du mit deinem Schicksal umgehst, entscheidest du mit deinem freien Willen. Du kannst deine seelische Kraft stärken, in dem du dich für das Gebet öffnest. Wenn du betest, empfängst du Kräfte aus den lichtvollen Ebenen, die dich tragen. Verschließe dich nicht länger! Du brauchst die Wärme und den Trost anderer Menschen, doch zuvor musst du ihnen Einlass in dein Herz gewähren, damit dich ihre liebenden Worte erreichen und dich trösten können. Öffne dich auch für die heilsamen Energien der Weltenseele, die eine reale Wirklichkeit sind.

Mit deinem rationalen Denken kannst du dir nur schwer die geistig-seelischen Zusammenhänge des Alls vorstellen und du begreifst dich nicht mehr als ein Teil des Universums. Doch du bist eine Teil der Weltenseele und unterliegst sehr wohl ihren Rhythmen und Einflüssen.

In dir schlummert das Potenzial, ein wahrer Schöpfer deines Lebens werden zu können. In deiner inneren Welt des Denkens werden die Dinge geboren, die sich im materiellen Leben verwirklichen. Erkenne deine falschen Glaubenssätze und die Macht der negativen Gedanken, die dich einengen und wie schweres Felsgestein daran hindern, dein Leben schöpferisch zu gestalten und Freude zu haben. Werde dir auch der Macht deiner negativen Gefühle bewusst, die dich in die dunkle Tiefe ziehen. Leiste eine innere Arbeit! Es reicht nicht aus, Mantren und magische Worte zu sprechen.

Ich bin das Leben, die wärmende Liebe und die Weisheit, ein Abbild des alten Königs. Liebe meine wärmenden Strahlen, liebe meine Schöpfung, liebe dich selbst, denn dann liebst du auch mich und wirst heil.

Jede Transformation, das ewige Stirb und Werde, geschieht mit dem Ziel, dir in deiner nächsten Inkarnation eine höhere Stufe des Bewusstseins zu ermöglichen. Sei der Zukunft zugewandt, denn auf deinem evolutionären Weg wirst du dich immer mehr vergeistigen, das ist ein Gesetz.

Nimm deine Unvollkommenheit an und strebe nach Vollkommenheit. Werde im äußeren Leben stark und selbstbewusst, öffne dich für die Spiritualität, denn sie ist die Sprache zwischen dir und dem König. Suche und finde deinen wahren Wesenskern, die Quelle deines Lebens und werde selbst eine wärmende Sonne für die Menschen und die Natur. Durch deine Handlungen wirst du zu einem Schöpfer. Studiere die Weisheit und erhebe dein Denken, schaffe Raum für das abstrakte Leben und heile deine Seele. Geh zu Fayana, der Herrscherin des Mondes. Sie wird dir helfen, deine Wunden zu heilen.

Dein Lebenssinn will sich im materiellen Leben verwirklichen. Also entsage diesem nicht, verliere dich aber auch nicht in seinem Strudel der Verlockungen und Illusionen. Geh den königlichen Weg, Ulla-Mae! Verbinde die Materie mit dem Geist, dann ist dir der Segen des Königs gewiss. Du bist ein Wesen aus Körper, Seele und Geist und in diesen Ebenen, die gleichwertig sind, verankert. Vernachlässigst du eine Ebene, bist du nicht im Gleichgewicht. Erkenne dies und Freude wird dich erfüllen. Verstehe:

Ich bin eine Manifestation des Königs so, wie du eine Manifestation des Königs bist.

Ich, Manani, manifestiere mich durch die Sonne so, wie du dich durch deinen Körper manifestierst und materiell in Erscheinung trittst.

Meine Sonne ist der Tempel meiner planetarischen Weltenseele und meines planetarischen Geistes so, wie dein Körper der Tempel deiner Seele und deines Geistes ist.

Deine Seele ist verbunden mit der Weltenseele deines Heimatplaneten Erde und mit der Weltenseele meiner Sonne so wie aller anderen. Es gibt keine Trennung, der Geist des Königs ist in allem enthalten."

Kapitel 12

Fayana, die Herrscherin der Nacht

Die Klarheit seines Innern
ist für die Menschen das höchste Gut

Friedrich von Schiller

„Anatol!", rief Ulla-Mae ganz aufgeregt, „du hast es doch auch gehört, die Herrscherin des Mondes kann mir helfen, Heilung zu finden. Bitte Anatol, bring mich zu ihr!"

Anatol sah sie mit seinen warmherzigen Augen an und sagte:

„Beruhige dich doch erst einmal. Selbstverständlich bringe ich dich zu Fayana. Sie ist ein Teil deiner Reise. Wenn du wirklich für die Heilung deiner Seele bereit bist, tue ich nichts lieber als das."

Ulla-Mae sah ihn freudestrahlend und dankbar an. Und dann schwebten beide weiter durch das All, dem Allumfassenden. Nach nur kurzer kosmischer Zeit erreichten sie den Mond. Gebirge und Krater prägten seine Oberfläche. Die hellen Hochländer waren von Regolith bedeckt, einer dicken Schicht aus Staub und Gesteinstrümmern, entstanden beim Aufprall von Meteoriten. Aus erstarrten Lavaströmen wurden die aus Basalt bestehenden dunklen Meere geboren. Die Sonne tauchte die Berggipfel in ein goldenes magisches Licht. In diesem Licht formte sich eine schneeweiße Wolke, die zu

Ulla-Mae und Anatol hinabschwebte. Auf der Wolke saß auf einem Thron aus Mondgestein Fayana, die schöne Herrscherin der Nacht. Ihr langes schwarzes, glänzendes Haar umspielte in langen Wellen ihren zarten elfenhaften Körper. Ihre großen, dunklen Augen waren voller Liebe. In der Mitte ihrer Stirn leuchtete ein Stern. Fayana trug einen rosafarbenen, mit Perlen bestickten Sari, und mit lieblicher Stimme sprach sie:

„Ich bin Fayana und herrsche über das Prinzip Cancer, bin die, die sagt:

Ich baue mir ein erleuchtetes Haus, um darin zu wohnen.

Ich reflektiere das Licht der Sonne und strahle es auf deinen Planeten zurück.

Ich bin die Herrscherin über alle zyklischen und rhythmischen Prozesse, bringe Wechsel und Wandel auf allen Ebenen des Seins.

Ich bin die Brücke, über die der geistige Mensch wieder in die materielle Form geht.

Ich herrsche über die Nacht und das Unbewusste und schenke den Menschen in ihren Träumen Bilder der Seele.

Ich herrsche über die astrale Welt der Emotionen, bringe dieses mächtige feinstoffliche Meer, das auch die Seelenkörper der Menschen durchdringt, immer dort in Wallung, peitsche es auf bis zum Sturm, wo Trägheit, Feigheit, Gleichgültigkeit und Widerstand gegen notwendige Veränderungen das Schicksal herausfordern, wo es des Schmerzes bedarf, um zu erwachen und zu handeln. Ja, ich bringe euch Menschenkindern, wenn es notwendig ist, die kalte Angst, den Seelenschmerz, die

Trauer und Verzweiflung, die Gefühle der Wut und des Hasses, aber auch der Schuld und der Reue und die Gefühle der Sehnsucht, der Freude, der Liebe, des Geborgenseins, der Dankbarkeit und der Demut.

Immer dann, wenn euch eure Gefühle schmerzvoll oder freudvoll überwältigen, dann bin ich ganz nah bei euch, genieße mit euch das verdiente Glück oder zwinge euch in das Tal der Tränen, damit ihr endlich aufhört wegzuschauen, wenn das Schicksal Karma einfordert oder nach Veränderung verlangt.

Ich helfe den Menschen, eine äußere Heimat und eine innere Heimat in sich selbst zu finden und diese mit dem Licht des Königs zu erleuchten.

Ich bin eine Manifestation des Königs so, wie du eine Manifestation des Königs bist.

Ich, Fayana, manifestiere mich durch meinen Himmelskörper so, wie du dich durch deinen Körper manifestierst und materiell in Erscheinung trittst.

Mein Himmelskörper ist der Tempel meiner planetarischen Weltenseele und meines planetarischen Geistes so, wie dein Körper der Tempel deiner Seele und deines Geistes ist.

Deine Seele ist verbunden mit der Weltenseele deines Heimatplaneten Erde und mit der Seele meines Erdenmondes so wie aller anderen. Es gibt keine Trennung, denn der Geist des Königs ist in allem enthalten.

Wer bist du und was hat dich zu mir geführt?", fragte sie nun Ulla-Mae mit sanfter, beinahe mütterlicher Stimme.

„Man nennt mich Ulla-Mae. Ich habe meinen Mann verloren und der Schmerz meiner Seele ist groß. Kannst du mir helfen, meine Seele zu heilen?", antwortete sie.

Fayana sprach:

„Ja, ich kann dir helfen, deine Seele zu heilen, indem ich dich das wahre Gesicht deines Schmerzes erkennen lasse, dir deine destruktiven Muster bewusst mache und dich befähige, sie zu opfern, damit du dem Leben neu vertrauen kannst. Ich möchte, dass das Licht des Morgens dich verzaubert und du dem neu anbrechenden Tag ein Lächeln schenkst. Viele Menschen leben in ihrer Vergangenheit, halten verbittert an ihrem Schicksal fest und ertrinken im Meer des Selbstmitleids. Andere haben es versäumt, sich auf Veränderungen einzulassen und sich geweigert loszulassen. Die Vergangenheit ist für sie zu einem Raum geworden, in dem sie das Licht der Gegenwart nicht mehr sehen und die zarte Pflanze der Zukunft verkümmert. Lebst du nicht in der Gegenwart, Ulla-Mae, begrenzt du dich. Doch das Leben will dich jeden Moment durchströmen und es bringt dir sowohl glückliche als auch traurige Momente. Erkenne: Die Zeit hat eben auch eine Qualität, für die du stets eine bestimmte Affinität hast. Lass dich auf den Lebensfluss ein. Lerne von der Vergangenheit und bewahre dir in deinem Herzen das Gute und Schöne, das sie dir geschenkt hat. Sei bewusst im Hier und Jetzt, denn die Gegenwart bestimmt deine Zukunft. Vertraust du der Zukunft, vertraust du auch dem Leben.

Nun komm zu mir, liebes Menschenkind. Bette dich sanft auf meiner Wolke und schließe deine Augen. Ich will dich von den heiligen Wassern des kosmischen Ozeans trinken lassen, damit du die heilende Kraft erfahren kannst."

Ulla-Mae spürte ein tiefes Vertrauen zu Fayana und fühlte eine Geborgenheit wie nie zuvor in ihrem Leben. Ja, sie war nun bereit, sich tief fallen zu lassen, um neu für ihr Leben zu erwachen. Fayana sprach:

„Nimm jetzt Kontakt zu deinem Körper auf, der ruhig und geborgen auf deinem Heimatplaneten schläft. Du weißt, deine Seele ist mit ihm durch das astrale Silberband verbunden, denn noch bist du ein inkarniertes Wesen. Dein Geist hat sich über die Seele in diesem Körper manifestiert, um für den Zyklus dieses Erdenlebens in der Materie deines Heimatplaneten zu wirken. Schon bald wirst du wieder vollständig in deinen Körper zurückkehren und er wird auf den Inseln der Götter erwachen, wo du ihn gebettet hast. Deine Mission auf Erden ist noch nicht beendet. Nimm also jetzt mit deinem Körper Kontakt auf, denn du selbst, dein Geist, dein göttlicher Funke, hat sich die feinstofflichen Seelenkörper geschaffen, um über diese im physischen Körper zu wirken, sich über ihn auszudrücken. Ihr seid für die Dauer dieser Inkarnation eine Einheit. Der Schmerz, der dich quält, sitzt im Emotionalkörper deiner Seele und drückt sich über deinen physischen Körper aus. Sag mir, Ulla-Mae, spürst du die Verbindung?"

„Ja, es fühlt sich an, als wäre ich wieder in meinem Körper, ich fühle mich plötzlich so ungeheuer schwer..."

„Versuche es nicht zu verstehen", unterbrach sie Fayana. „Akzeptiere es einfach, alles wird gut."

Fayana berührte mit ihren zarten elfenhaften Fingern die Stirn von Ulla-Mae und eine unglaublich angenehme Wärme durchströmte deren Kopf. Sie bemerkte, dass ihr ganzes Sein von Hingabe durchdrungen war. Fayana sprach:

„Konzentriere dich auf einen Punkt zwischen und hinter deinen Augenbrauen und bitte deinen Mann, dass er vor deinem inneren Auge Form und Gestalt annimmt."

Und da war er plötzlich. Ulla-Mae sah ihren Hannes ganz deutlich, ja, sie konnte ihn sogar körperlich spüren.

„Schau ihm tief in seine Augen", forderte Fayana sie auf. „Was spürst du, wenn du deinem Mann in die Augen schaust?", fragte sie nun.

Mit Tränen in den Augen und schmerzerfüllter Stimme antwortete Ulla-Mae:

„Mein ganzer Körper ist wie verkrampft, mir tut alles weh."

„Bitte nun deinen Körper, dass er dir die Quelle seiner Verkrampfung zeigt", sprach die Herrscherin, ehe Ulla-Mae über die Realität ihres Körperempfindens nachdenken konnte, schließlich war sie ja auf dem Mond ...

„Ich spüre einen Schmerz in meinem Herz und einen Druck in meinem Kopf."

„Fühle einmal ganz bewusst deinen Schmerz in deinem Herzen. Was drückt er aus?", fragte die Herrscherin weiter.

„Es ist der Schmerz der unerfüllten Sehnsucht nach Hannes und des Alleinseins", antwortete Ulla-Mae leise.

Fayana hielt ihre Hände über die Herzregion. Ulla-Mae spürte eine starke Kraft, die ihr den Schmerz in ihrem Herzen nahm.

„Konzentriere dich nun auf den Druck in deinem Kopf und bitte deine Seele, dass sie dir die Bilder zeigt, die diesen Druck ausgelöst haben", sagte die Herrscherin.

„Es ist unser letzter gemeinsamer Abend. Hannes und ich streiten. Ich bin im Recht, aber er will meinen Standpunkt nicht akzeptieren. Er sagt böse Worte zu mir. Er wird immer wütender und verlässt die Wohnung. Er fährt mit dem Auto fort und verunglückt tödlich."

„Wie fühlst du dich?", fragte Fayana.

„Schuldig", antwortete Ulla-Mae verzweifelt.

„Lass dich nun einmal auf dein Gefühl der Schuld vollkommen ein. Wo spürst du dieses Gefühl in deinem Körper?"

„Mein Herz schmerzt, es fühlt sich schwer an."

„Warum fühlt es sich schwer an?", fragte Fayana weiter.

„Es trägt die Last der Schuld."

„Warum glaubst du, Schuld zu haben?"

„Ich hätte mich nicht auf den Streit einlassen sollen, vielleicht nicht auf meiner Meinung bestehen sollen."

„Glaubst du, ein Recht auf eine eigene Meinung zu haben?", fragte sie Fayana.

„Ja, auf jeden Fall."

„Glaubst du, dass auch Hannes ein Recht auf seine Meinung hatte?"

„Ja, natürlich", war ihre Antwort.

„Was hat euch beiden gefehlt?", fragte Fayana.

„Respekt und Toleranz", stellte Ulla-Mae fest.

„Kehre nun zurück zu dem inneren Bild deines Mannes. Nun kannst du in Gedanken mit ihm sprechen. Sage ihm, wofür du aus ganzem Herzen dankbar bist."

Ulla-Mae war mit ihrem Hannes geistig-seelisch verbunden, er war ihr ganz nah und sie bedankte sich bei ihm für seine Liebe, Wärme, Treue und Kameradschaft.

Fayana sprach:

„Vielleicht gibt es Situationen, in denen Hannes dich verletzt hat. Sage es ihm."

Ja, Ulla-Mae hatte die Situationen klar vor ihren Augen, in denen Hannes sie mit Worten erniedrigt hatte, sie klein und schwach sehen wollte. Seine verletzenden Worte hinterließen Narben in ihrer Seele. Nun sprach sie in Gedanken mit ihm, konnte ihm nun sagen, wie sehr er sie verletzt hatte.

Nach einer Weile sagte Fayana:

„Spüre einmal, ob du bereit bist, ihm zu verzeihen."

„Ja, ich kann ihm vergeben", antwortete Ulla-Mae.

„Jetzt mach dir einmal bewusst, was dir selbst in deinem Zusammenleben mit Hannes nicht gut gelungen ist. Vielleicht hast auch du ihn verletzt?"

Ulla-Mae musste wieder weinen. Ja, auch sie selbst hatte nicht immer ihre Gefühle unter Kontrolle. Auch sie war nicht immer gerecht zu ihm.

„Sage ihm nun, was du auf dem Herzen hast und frage ihn, ob er dir vergeben kann. Seine Antwort wirst du fühlen", sagte Fayana.

„Ja, er vergibt mir", sprach Ulla-Mae erleichtert.

„Und nun spüre einmal, ob du dir selbst verzeihen kannst."

„Ja", antwortete Ulla-Mae leise.

„Dann vergib dir jetzt in diesem Augenblick und für immer", sagte Fayana.

„Nun stell dir vor, ein Teil meiner Wolke hüllt deinen Mann ein, denn sie will mit ihm in die Heimat seiner

Seele reisen. Die Zeit des Abschieds ist gekommen, Ulla-Mae. Nimm seine Hände und nimm in Liebe und Dankbarkeit von ihm Abschied. Sage ihm nun, was du ihm aus tiefstem Herzen wünschst. Frage ihn auch, was er dir wünscht und welche Botschaft er dir mit auf deinen weiteren Lebensweg geben möchte", sagte Fayana.

Ulla-Mae kämpfte noch einmal mit ihren Tränen, doch diesmal waren es Tränen der Erlösung, denn sie hatte die Botschaft ihres Hannes klar vernommen.

„Wenn du jetzt bereit bist, ihn gehen zu lassen, damit er in seine geistige Heimat einkehren kann, dann lasse seine Hände los", sprach Fayana liebevoll.

Ja, Ulla-Mae konnte sich nun von den Händen ihres Hannes lösen. Mit guten Gefühlen sah sie nun der Wolke nach, die ihren geliebten Mann in seine geistige Heimat brachte, bis sie als winziger Lichtpunkt im Sternenmeer des Alls verschwand.

„Spüre noch einmal in dein Herz hinein, was fühlst du nun?", fragte Fayana.

„Ich fühle Frieden."

„Nun löse dich behutsam aus dem Geschehen und öffne sanft und liebevoll deine Augen, Ulla-Mae."

Ulla-Mae war zurück im Hier und Jetzt und schaute sich sogleich nach Anatol um. Sie konnte nichts sagen, zu tief hatte sie das innere Geschehen beeindruckt. Sie verneigte sich in Dankbarkeit und Verehrung vor Fayana und lief in die weit ausgestreckten Arme Anatols. Sie umarmten sich innig und Anatol trocknete zärtlich ihre Tränen, die nunmehr ein Ausdruck tiefer Befreiung waren.

Seltsam war nur diese Schwere, sie spürte jedes Glied ihres Körpers. Wie konnte das sein, sie war doch hier auf dem Mond? Ach ja, dachte sie sogleich, es ist doch nur ein Traum. Und schon empfand sie wieder diese herrliche Schwerelosigkeit, mit der sie durch das All schweben konnte ...

Kapitel 13

Yoomee, die Herrscherin des blauen Planeten

Gesegnet sei die Stille.
Denn in ihr wirst du mich reden hören.

Khalil Gibran

„Nun möchte ich mit dir noch zum Planeten Neptun schweben. Er wird die letzte Station unserer Reise sein. Die Herrscherin erwartet dich", sprach Anatol zu Ulla-Mae. Froh und beschwingt antwortete sie.

„Liebend gern folge ich dir, mein Anatol." Und wieder schwebten sie durch die Weiten des Alls, des Allumfassenden. Bald näherten sie sich einem ungewöhnlichen blauen Planeten.

„Das ist Neptun. Methan färbt diesen Planeten so wunderschön blau, sieht er nicht faszinierend aus, Ulla-Mae?"

„Ja", antwortete sie, „sein Anblick ist überwältigend."

Der Himmel über Neptun war sehr dunkel. Viel zu weit war die Sonne entfernt, als dass sie die Dunkelheit mit ihrem Licht erhellen konnte. Als sie durch die Wolken schwebten, erblickten sie Triton, den größten Mond des Planeten.

„Schau gen Himmel, Ulla-Mae!" rief Anatol, „die Herrscherin kündigt in diesem Zeichen ihr Kommen an." Am schwarzen Himmel erblickte Ulla-Mae zwei lichtgrüne, miteinander verbundene Fische. Der eine

Fisch, so erschien es ihr, wollte hinauf zum Himmel schwimmen, der andere Fisch abwärts in die Finsternis.

„Was bedeuten diese beiden Fische?", fragte Ulla-Mae.

„Gern erkläre ich dir die tiefe Symbolik dieses Zeichens." Und Anatol erklärte:

„Der Himmel und die Finsternis greifen beide nach dem Menschen. Einerseits sehnt der Mensch sich nach dem Höheren und verspürt bewusst oder unbewusst ein sehnsüchtiges Verlangen nach Erlösung. Andererseits halten ihn Begierden, Triebe und egoistische Wünsche und Ziele in der materiellen Welt fest. Dieser Konflikt zwischen Himmel und Finsternis löst sich auf, wenn der Mensch sich mit seiner königlichen Natur vereinigt, in seinem Geiste auferstanden ist und das ewige Leben erkennt, denn dann hat sich die via unitiva erfüllt. In diesem Erkennen lebt er nun in dienender Liebe an den Menschen und an der Natur."

Plötzlich ertönte ganz in der Ferne Schellengeläut, das schnell näherkam. Gehüllt in eine weiße Wolke näherte sich aus den Weiten des Alls eine Troika. Gezogen von drei weißen Hengsten mit goldenen Mähnen und ehernen Hufen glitt ein grünlich schimmernder Schlitten aus Jade durch die Finsternis. Die Eleganz der Pferde und ihres weit ausholenden Galopps erinnerte Ulla-Mae an die alten russischen Märchen aus ihrer Kindheit. Auch die Herrscherin, die, aufgerichtet im Schlitten stehend, die Zügel führte und in deren wallendem Haar Eiskristalle wie Sterne blitzten, rief in ihr das Bild der Schneekönigin wach. Majestätisch stieg die Herrscherin aus ihrem Schlitten. In ihrer rechten Hand hielt sie einen

Dreizack, die Dreiheit von Körper, Seele und Geist symbolisierend. In ihrer linken Hand leuchtete ein Pentagramm. Anatol sprach zu Ulla-Mae:

„Der Mensch wird zu diesem leuchtenden Stern, dem Pentagramm, wenn er Güte, Gerechtigkeit, Liebe, Wahrheit und Weisheit vollkommen entwickelt hat. Die Herrscherin wacht über den Padparadscha. Dieser Stein ist ein Geschenk des Königs an diejenigen, die ihn erkannt haben und bereit sind, seinem Ruf zu folgen und seiner Schöpfung zu dienen."

Die Herrscherin trug ein meergrünes seidenes Kleid und ein dunkelgrünes Bolerojäckchen, das wunderschön mit leuchtenden gelben Ametrinen bestickt war. Dann sprach die Herrscherin und ihre Stimme klang wie das liebliche Gurren eines Täubleins:

„Ich, Yoomee, herrsche über das Prinzip Pisces. In diesem Prinzip gelangen Mensch und Kosmos zur Verschmelzung. Ich bin diejenige, die sagt:

Ich verlasse des Vaters Haus, und indem ich zurückkehre, errette ich.

Ich öffne die Schleusen für die Erfahrung des Leidens, denn ich will die Sehnsucht nach Befreiung und die Suche nach der Quelle des Lebens im Menschen erwecken. Ich bin die mystische Sehnsucht nach der Erfahrung eines Zustandes der Einheit mit allem. Ich bin das Licht der Welt, denn ich führe die Menschen zur höheren Liebe, der Agape, und lasse sie die Verbundenheit mit des Königs Schöpfung und seiner Liebe erfahren. Ich repräsentiere den Drang nach höchster transzendenter Freiheit, fordere aber auch ein Dienen in der Welt. Ich führe die Menschen über die Illusionen und

Täuschungen zur einzigen Wahrheit. Das Erkennen einer Illusion ist nur dann schmerzhaft, wenn man die befreiende Wahrheit nicht annehmen will. Ich führe die Menschen auch zu Spiritualität. Sie ist die Sprache zwischen dem König und den Menschen. Aus mir schöpfen die Künstler ihre Inspiration. Ich berühre euch Menschenkinder über die Klänge der Musik, das Farbenspiel des Malers, die Poesie und Lyrik des Dichters und Schriftstellers.

Ich bin eine Manifestation des Königs so, wie du eine Manifestation des Königs bist. Ich, Yoomee, manifestiere mich durch meinen Planeten so, wie du dich durch deinen Körper manifestierst und materiell in Erscheinung trittst. Mein Planet ist der Tempel meiner planetarischen Weltenseele und meines planetarischen Geistes so, wie dein Körper der Tempel deiner Seele und deines Geistes ist. Deine Seele ist verbunden mit der Weltenseele deines Heimatplaneten Erde und mit der Weltenseele meines Planeten so wie aller anderen. Es gibt keine Trennung, der Geist des Königs wirkt in allem."

Die Herrscherin schaute Ulla-Mae mit ihren smaragdgrünen Augen an und fragte:

„Wer bist du und warum bist du hier?" Und Ulla-Mae antwortete ihr:

„Mein Name ist Ulla-Mae und ich bin gekommen, um deinen Worten der Weisheit zu lauschen."

Die Herrscherin lächelte ihr zu und sagte:

„Dir, da du bittest, will ich geben. In den heiligen Schriften steht geschrieben:

,Ihr sollt euch nicht Schätze sammeln auf Erden, wo sie Motten und der Rost fressen und wo die Diebe einbrechen und stehlen. Sammelt euch aber Schätze im Himmel, wo sie weder Motten noch Rost fressen und die Diebe nicht einbrechen und stehlen. Denn wo dein Schatz ist, da ist auch dein Herz', Matthäus 6,19–21.

Wage, liebes Menschenkind, ein spirituelles Leben. Überquere die Brücke des Regenbogens und lasse dein altes Leben hinter dir. Laufe nicht am Ufer auf und ab, sei entschlossen und folge deiner inneren Stimme, die dir zuraunen will: Sei im Herzen wie ein Kind, voller Liebe, und im Kopf ein Weiser voller Tiefe. Die ethische Moral ist ein wichtiges Prinzip des Königs. Viele Menschen glauben, sie missachten zu können und meinen, es ist dann einfacher zu betrügen, zu schänden, zu missbrauchen, zu quälen, zu foltern, zu morden, zu zerstören. Doch sie vergessen: Das, was sie Mensch, Tier und der Natur antun, müssen sie selbst eines Tages erleiden. Das ist die kosmische ethische Moral, die auf einer absoluten Gerechtigkeit gründet und in dessen Dienst die 24 Ältesten stehen, die einen Ausgleich herbeiführen müssen.

Der Weg des neuen Lebens ist schwer und es ist nicht leicht, ihm treu zu folgen. Auch auf diesem Weg wirst du mehrmals fallen und zweifeln. Lass dich berühren vom Geist des Feuers und alles wird sich in deinem Leben ändern. Zunächst ist die Flamme klein. Du musst sie wohl behüten, denn nur allzu schnell kann sie erlöschen. Aber wenn du gut auf sie achtgibst, dann wird sie zu einer lodernden Flamme, die dein ganzes Sein zum Glühen bringt. Das Leben auf deiner Erde ist nur sehr kurz, es ist wie ein Traum und schon lebst du wieder in den Reichen der Weltenseele. Alle Religionen erwähnen die Wanderung deiner Seele. Die Geister über den Wassern singen so poetisch:

‚Des Menschen Seele gleicht dem Wasser: Vom Himmel kommt es, zum Himmel steigt es. Und wieder nieder zur Erde muss es, ewig wechselnd' (Goethe).

Strebe danach, dass die höhere Liebe in dir geboren wird, denn dann erwachst du im Christusbewusstsein. Zur Wintersonnenwende wird dieses Christusbewusstsein, das Prinzip des Lichts und der Wärme, in der Natur geboren. Das Licht und die Liebe sind die stärksten Kräfte, die alles wandeln. Das Christusbewusstsein verwirklicht sich in dir, wenn du bedingungslos lieben kannst. Diese bedingungslose Liebe ist die Agape, von der es in den heiligen Schriften heißt:

‚Die Liebe ist langmütig und freundlich, die Liebe eifert nicht, die Liebe treibt nicht Mutwillen, sie bläht sich nicht auf, sie verhält sich nicht ungehörig, sie sucht nicht das Ihre, sie lässt sich nicht erbittern, sie rechnet das Böse nicht zu, sie freut sich nicht über die Ungerechtigkeit, sie freut sich aber an der Wahrheit, sie erträgt alles, sie glaubt alles, sie hofft alles, sie erduldet alles', 1.Kor.13,4–7.

Wenn diese hohe Liebe in dir geboren wird und du sie lebst, dann kannst du sagen: Nun bin ich geboren als das himmlische Kind, als die Tochter des Königs. Verbindet sich diese Liebe mit der Weisheit, dann hast du zu deinem wahren Wesen gefunden. Je mehr der Funke der Flamme des Königs in dir leuchtet, desto höher wirst du geführt und geistige Kraft wird dich mehr und mehr durchdringen. Dein Bedürfnis nach Stille wird zunehmend wachsen, denn sie ist ein Ausdruck für den geistig-seelischen Entwicklungsgrad des Menschen. Die Suche nach Stille geht einher mit der Suche nach Wahrheit. Die Stille öffnet die Pforte zu Intuition und Inspiration. In der Stille begibst du dich in die Hände deines Geistes. Nur wenn du still geworden bist, kannst du Offenbarungen empfangen und deine innere Stimme vernehmen, die dir Botschaften sendet und dich warnen und schützen will. Deine innere Stimme ist die Stimme der Stille. Lerne, still zu sein, liebes Menschenkind. Ruhe still wie klares Wasser, denn in den stillsten Momenten erfüllen dich die lichtvollsten Erfahrungen.

Um das Tor der Stille betreten zu können, lasse jeden Kummer und alle Sorgen hinter dir. Entspanne deinen Körper. Innere Stille der Gefühle und Gedanken zu erreichen, ist nicht leicht. Es ist auch ein Weg, dein Gemüt zur Ruhe zu bringen. Wenn du es geschafft hast und still geworden bist, dann konzentriere dich auf dein inneres Auge, auf einen Punkt zwischen und hinter deinen Augenbrauen. Dieses innere Auge ist das Tor zum Überbewusstsein. Manifestiert sich das Überbewusstsein, hast du Zugang zu deiner Intuition. Dann erhebe deine Gefühle und Gedanken zum König, damit dein inneres Auge sich für die Weisheit öffnen kann.

Das Ziel der Stille ist das Erkennen, dass der Geist des Königs in dir wohnt und du seine Manifestation bist und ihm dienen sollst, denn du bist das Salz der Erde und das Licht der Welt. Ziehe dich nicht wie ein Asket aus der Welt zurück, sondern sei mit einem ganzheitlichen Bewusstsein ein aktiver Bewohner deines Planeten, ‚denn das Reich des Königs ist nicht Essen und Trinken, sondern Gerechtigkeit, Frieden und Freude im Heiligen

Geist', Römer 14,17.

Leiste deinen ganz persönlichen Beitrag. Wenn du dich auf deinen Weg begibst, Ulla-Mae, wirst du deiner Welt ein Licht. Ich segne dich, liebes Menschenkind. Der König möge dich beschützen."

Kapitel 14

Der Weg zurück ins Leben

Ulla-Mae erwachte durch das archaische Trompeten eines Kranichschwarms, der über ihre Fischerhütte hinwegzog. Sie konnte sich nur schwer aus ihrem Traumgeschehen lösen. Wie benommen lag sie in ihrem Bett. Das Aufstehen fiel ihr sichtlich schwer und sie hatte Mühe, ihre Gedanken und Gefühle zu ordnen. Ilina bereitete bereits das Frühstück zu. Es roch nach frisch gebrühtem Kaffee und getoastetem Brot.

„Ulla-Mae, wo bleibst du denn?", rief sie.

„Ich bin gleich fertig", antwortete sie nur kurz. Als sie dann endlich den kleinen Küchenraum betrat, erschrak Ilina, denn ihre Freundin sah sichtlich erschöpft aus.

„Was ist mit dir los?", fragte sie besorgt.

„Ich hatte einen seltsamen Traum", antwortete Ulla-Mae. „Ich habe keinen Hunger, ich trinke nur eine Tasse Kaffee."

„Willst du mir nicht von deinem Traum erzählen?", fragte Ilina.

„Nein", sagte Ulla-Mae, „zumindest nicht jetzt. Mir gehen so viele Gedanken durch den Kopf. Mir ist im Moment nicht nach einem Gespräch zumute. Bitte versteh das."

Schweigend trank sie ihren Kaffee und dann verließ sie eilig die Hütte, als hätte sie ein festes Ziel vor Augen, das sie so schnell wie möglich erreichen musste. Eine unsichtbare Kraft zog sie wieder in den engen, düsteren Schlund, durch den sie gestern gekommen waren. Heute wirkte diese unendlich lange, fast tausend Meter tiefe Felsenschlucht auf Ulla-Mae besonders mystisch, aber nicht mehr so bedrohlich wie am Tag ihrer Ankunft. Beängstigend hatte sie noch gestern diese Enge empfunden, die das Gefühl der Ausweglosigkeit aus ihrem eigenen emotionalen Abgrund verstärkte.

Nun aber strebte sie, getrieben von diesem inneren Drang, unermüdlich vorwärts, vorbei an dem abzweigenden Steilpfad, über den sie gestern die Schlucht betreten hatte, immer tiefer hinein in das bläulichgrün schimmernde, von gespenstischen Nebelschwaden durchzogene Dämmerlicht. Eine innere Stimme sagte ihr, dass es auf der anderen Seite der Schlucht einen zweiten Ausgang geben musste und dass dort, vor der gigantischen Kulisse des riesigen Nordmeeres, ihre endgültige emotionale Befreiung wartete. Nein, da war keine Müdigkeit. Und überhaupt, was war mit ihren sonst so schmerzenden Füßen? Es war, als berührten sie kaum noch den Boden, als schwebte sie wie in ihrem Traum, durch dieses magische Tal der Nebel, vorwärts, vorwärts, hin zum Licht ...

Und dann war sie am Ziel. Plötzlich öffnete sich die enge Schlucht in eine märchenhafte, weite Bucht. Vor ihr lag im gleißenden Licht der noch im Osten stehenden Sonne das gewaltige Meer des Nordens. Alles schien so unwirklich, als wäre sie immer noch in diesem seltsamen Traum gefangen. Kein Windhauch bewegte die riesige Wasserfläche, die wie ein smaragdfarben schimmernder Spiegel die Bucht erfüllte, die weit ausladend einen symmetrischen Halbkreis bildete, umsäumt von einem breiten, schneeweißen Sandstrand. Hinter diesem lag ein ebenso breiter, leicht ansteigender saftig grüner Wiesenhang, dessen farbiger Blumenteppich dominiert war von den für den Norden typischen, intensiv pinkfarbenen Blüten der Weidenröschen und leuchtend gelben Trollblumen. Die schroffen, tausend Meter hoch aufragenden Felsenklippen mit ihrem grünen Moosteppich umsäumten nun majestätisch in weitem Bogen dieses herrliche Panorama. Darüber spannte sich ein tief azurblauer Himmel mit schneeweißen Federwölkchen.

Ganz langsam, mit behutsamen Schritten, als befürchtete sie, dieses Märchenbild zu zerstören, überquerte Ulla-Mae den leuchtenden Blumenteppich des sanft abfallenden Wiesenhanges, bis sie den Strand erreichte. Tief atmete sie die glasklare, seltsam nach Ozon duftende kühle Luft, in der sich kein Windhauch regte. Diesen Duft kannte sie. Ja, das musste noch Teil ihres Traumes sein. Auch die Worte der Herrscher waren noch ganz klar in ihrem Gedächtnis. Aber dann kam ein leichter Wind auf und zauberte weiße Schaumkronen auf den sich jetzt türkis färbenden Wasserspiegel. Und nun nahm sie auch den so irdischen Duft des Meeres nach Salz und Tang wahr. Sie hörte das typische, rhythmische Rauschen der aufkommenden sanften Brandung. Sie war wieder im Hier und Jetzt, auf ihrem Heimatplaneten Erde – nicht irgendwo, sondern auf diesen mystischen Inseln der Götter, wo diese seltsame Traumreise begann, die ihr Heilung brachte, hier in diesem Paradies, mitten im Nordmeer.

Ulla-Mae setzte sich in den schneeweißen Sand und ließ die im gleißenden Sonnenlicht glitzernden Kristalle durch ihre Finger rieseln. Feinste Marmorsplitter, gemischt mit winzigen, glasklaren, rhombisch geformten

Kieseln, blitzten wie Myriaden Diamanten. Bergkristall, dachte sie intuitiv, und der schneeweiße Marmor des Nordens, die Symbole der höchsten Klarheit und Reinheit, das waren ihre Geschenke des Himmels, hier auf dieser irdisch realen Insel der Götter.

Ulla-Mae schloss die Augen und plötzlich wurde es in ihrer Seele so still, so unglaublich still. Es gab nur noch diese innere Stille und das leise Rauschen der Brandung. Mit einem Mal spürte sie einen tiefen Frieden. Es tat ihr so gut. Nach diesem Frieden hatte sie sich so lange Zeit gesehnt und sie spürte, dass die Last ihres Schicksals diesem Frieden gewichen war. Sie fühlte in diesen Momenten die Leichtigkeit des Seins und mit neuer Zuversicht sah sie der Zukunft entgegen. Plötzlich erhob sich aus den Wellen eine Wasserwolke. Ein riesiger grauschwarzer Körper tauchte aus der Tiefe auf, und dann sah Ulla-Mae die Fluke eines abtauchenden Pottwals. Es schien, als wollte er ihr zuwinken. In diesem Moment erfüllte sie eine seltsame Geborgenheit, als würde sie zu allem gehören und alles wäre eins mit ihr. Intuitiv verstand sie nun auch die Symbolik dieser herrlichen Bucht, die ihr das tiefe Gefühl der Geborgenheit im Mutterschoß der Schöpfung auf ihrem wunderbaren Heimatplaneten Erde vermittelte, zu dem sie aus ihrem heilsamen Traum ins Hier und Jetzt zurückgekehrt war.

Voller Freude ging sie zurück in das kleine Fischerdorf und pflückte unterwegs für Ilina einen Blumenstrauß. Wie herrlich! Die enge Schlucht leuchtete im gleißenden Licht der nun direkt einfallenden Mittagssonne und verzauberte Ulla-Mae mit dem saftigen Grün der Moose und der strahlenden Blütenpracht der Trollblumen, die zwischen den unzähligen silbern glitzernden Wasserfällen wucherten und den bizarren Felsmassiven ein festliches Aussehen gaben.

Ilina erwartete sie bereits. Sie bemerkte sofort das Leuchten in den Augen Ulla-Maes. Dieses Leuchten war ein Ausdruck einer tiefgreifenden Veränderung ihrer Freundin. Ilina war nun sehr froh, ihrer Eingebung vertraut und Ulla-Mae auf die Inseln der Götter gebracht zu haben.

Die folgende Nacht wurde sehr lang, denn Ulla-Mae erzählte Ilina ihren Traum. Sie erzählte von ihrem Anatol, der mit ihr durch das Sonnensystem gereist war, und von den Herrschern in ihren Palästen, die sie mit Worten der Weisheit so reich beschenkt hatten. Mit Tränen in den Augen erzählte sie auch von Fayana, der schönen Herrscherin der Nacht, die ihr geholfen hatte, ihren Schmerz zu heilen.

„Ilina, ich danke dir für deine Freundschaft. Ohne dich wäre ich nicht hier und hätte nicht diesen Traum erlebt."

Am nächsten Morgen besuchten sie das kleine rote Holzkirchlein mit den Zwiebeltürmchen. Dieses Mal betrat Ulla-Mae heiter und beschwingt die kleine Kirche. Sie blätterte in der Bibel und sagte zu Ilina:

„Dieser Psalm berührt mein Herz:

Licht ist dein Kleid, das du anhast. Du breitest den Himmel aus wie einen Teppich, du baust deine Gemächer über den Wassern. Du fährst auf den Wolken wie auf einem Wagen und kommst daher auf den Fittichen des Windes, der du machst Winde zu deinen Boten und Feuerflammen zu deinen Dienern, Psalm 104."

Ulla-Mae und Ilina verbrachten noch ein paar schöne Tage auf den Inseln der Götter. In tiefer Dankbarkeit nahmen sie Abschied vom grünen Meer und seinen weißen Stränden und von der stolzen und schönen Lofoten-Wand, die, aus dem Atlantik geboren, ihre spitzen Gipfel gen Himmel streckte, so als symbolisierten sie eindrucksvoll die untrennbare Verbindung unseres vertrauten irdischen Daseins mit den Weiten des Universums in all seinen materiellen, astralen, mentalen und geistigen Existenzformen, in deren grandiose Welten Anatol Ulla-Mae für den Augenblick eines Traumes ein magisches Fenster geöffnet hatte.

Ulla-Mae selbst erkannte sich nun als Teil dieses gigantischen, lebendigen Energiesystems der pulsierenden Schöpfung, getragen und gespeist vom Energiestrom der seit Äonen sprudelnden Quelle des Lichts, aus der wir alle stammen und zu der wir eines Tages zurückkehren werden.

Und nun spürte sie auch ganz deutlich die Präsenz des alten Königs, den kein Menschenauge je gesehen hat, aber der allgegenwärtig ist in seiner ganzen Schöpfung, in der er sich selbst über die wunderbare Vielfalt der Formen manifestiert und verwirklicht.

Ricarda Jaekel lebt in einem der typischen, bunten Holzhäuser inmitten der grandiosen Berg-, Wald- und Wasserwelten Schwedisch-Lapplands, am Rande der kleinen Waldsiedlung Adak.

Die studierte Psychologin befasste sich schon frühzeitig, weit über die Grenzen der Schulpsychologie hinaus, mit den weltanschaulichen und spirituellen Grundlagen einer ganzheitlichen Sicht unseres Daseins.

Auch mit ihrem vierten Buch vermittelt sie in einer mystisch-fantastischen Geschichte, in der sie den Leser an einer abenteuerlichen Seelenreise teilnehmen lässt, tiefes spirituelles Wissen und spannenden Lesegenuss.